4·16구술증언록 단원고 2학년 9반 제5권

그날을 말

경미 엄마 전수현

4·16기억저장소 기획 편집
(사) 4·16세월호참사가족협의회 지원 협조

책머리에

4·16기억저장소에서는 세월호 참사 5주기를 맞아 구술증언 수
집 사업의 결과물 일부를 100권의 책으로 발간하게 되었습니다.
이 사업은 2015년 6월부터 다양한 학문 분야 구술 연구자들의 자
발적인 참여로 진행되어 왔으며, 세월호 참사를 좀 더 정확하고 다
각적으로 기록하고 기억하고자 하는 노력의 일환으로 수행되었습
니다.

2014년 참사 발생 이후, 참사 피해자들의 목격담과 경험은 안타
깝게도 공식적인 국가기관과 언론의 기록 속에서 철저히 소외되거
나 왜곡되었습니다. 그것은 세월호 참사가 우리에게 안긴 죽음과
고통의 충격만큼이나 우리 사회의 끔찍한 비극이었습니다. 따라서
사업을 진행하면서 세월호 참사 희생자 가족, 생존자, 생존자 가족,
어민, 잠수사, 활동가, 기자 등등, 참사의 초기 과정을 직접 경험한
분들의 증언을 우선적으로 수집했습니다. 구술자는 이 사업의 취

지와 방식에 개인적으로 동의한 분 중에서 선정했으며, 참여 과정에 어떠한 금전적 보상이나 이익이 제공되지 않았습니다. 또한 구술증언 수집 사업을 진행하는 동안, 면담자는 연구자이자 참사를 겪은 공동체 시민으로서 최대한 윤리적이고자 노력했습니다.

구술자마다 매회 약 2시간씩 3회를 원칙으로 음성 녹취와 영상 촬영을 하는 방식으로 진행되었고, 증언의 일관성을 확보하기 위해 면담자는 큰 틀에서 공통 질문지를 사용했습니다. 공통 질문지의 내용은 참사와 구술자 간의 관계성에 따라 차이가 있지만, 유가족 구술의 경우 1회차 '참사 이전의 삶, 팽목항과 진도에서의 경험, 자녀에 대한 기억'을, 2회차 '참사 이후 투쟁과 공동체 활동 경험'을, 3회차 '참사 이후 개인 및 가족이 경험한 삶의 변화와 깨달음, 자녀의 현재적 의미'를 중심으로 했습니다. 이처럼 증언 내용은 참사 이전에서 시작해 참사 발생 당시의 경험과 이후의 변화 과정까지 폭넓게 수집했고, 면담자는 구술 채록 과정에서 구술자의 발화를 최대한 존중하고자 했으며, 무엇보다 각자의 특수한 경험과 다른 시각을 충실히 반영하고자 했습니다.

이 구술증언록의 발간을 위해, 채록된 음성 자료는 문서로 변환해 구술자와 함께 검토했고, 현재 시점에서 공개할 수 있는 영역과 할 수 없는 영역으로 구별했습니다. 따라서 책에 실린 내용은 모두 구술자로부터 공개를 허락받은 부분입니다. 비공개 영역은 추후 구술자의 동의를 받아 적절한 절차를 거쳐 추가로 공개될 수 있으리라 생각합니다.

이 구술증언록 100권에는 그동안 우리 사회에 왜곡되어 알려지거나 잘 알려지지 않았던, 참사 발생 직후 팽목항과 진도 혹은 바다에서의 초기 상황에 관한 중요한 증언이 포함되어 있습니다. 또한, 자녀를 잃는 잔인하고 애통한 상황을 겪으면서도 그 누구보다 강인한 정치적 주체로 성장할 수밖에 없었던 유가족의 마음과 경험을 구체적으로, 그리고 여러 각도에서 살펴볼 수 있습니다. 그 외에도, 이 구술증언록은 2014년을 전후한 한국 사회의 여러 측면을 드러내는 귀중한 자료가 되리라고 생각합니다. 무엇보다 국내외의 많은 분이 이 책을 읽어, 장차 세월호 참사의 진상 규명과 역사 서술에 기여할 수 있기를 바랍니다.

구술증언 수집 사업이 진행되고, 책으로 출간되기까지 많은 분의 도움과 지지가 있었습니다. 이 지면을 빌려 부족하나마 감사의 말씀을 전하고자 합니다.

먼저 (사)4·16세월호참사가족협의회와 4·16기억저장소에 감사를 드립니다. 이분들의 신뢰와 적극적인 협조가 없었다면, 이 사업은 처음부터 시작할 수조차 없었을 것입니다. 또한 어려운 정치 환경 속에서도 사업의 취지에 공감해 재정 지원을 결정해 준 아름다운가게와 역사문제연구소에 감사드립니다. 두 단체 덕분에, 이 사업을 4년 동안 계속해 올 수 있었습니다. 그리고 구술증언록 100권의 발간에 동의하고, 바쁜 일정에도 출판 실무를 기꺼이 맡아주신 한울엠플러스(주)에도 감사를 드립니다. 이 외에도 많은 개인과 단체가 직간접적으로 많은 도움을 주시고 격려해 주셨습니다. 여기에 모두 밝히지 못하는 것을 죄송하게 생각합니다.

　말할 필요도 없이, 가장 크고 또 가슴 아픈 감사는 구술자 한 분한 분께 드리고자 합니다. 이 책이 발간될 수 있었던 것은, 무엇보다 용기를 내어 아픔과 고통의 기억을 다시 떠올리고 장시간 진심으로 이야기를 해주신 구술자가 있었기 때문입니다. 오랜 시간 이야기를 나누며 함께 공감하기도 했지만, 그 아픔과 고통을 어떻게 가늠할 수 있을까 싶습니다. 더 큰 도움이 되지 못함을 안타까워하며, 이 구술증언록 100권의 발간이 피해자분들에게 조금이라도 위로가 될 수 있기를 기원합니다.

2019년 4월
4·16기억저장소 구술팀 책임자
서울대학교 인류학과 교수 이현정

차례

■ 1회차 ■

■ 2회차 ■

■ 3회차 ■

경미 엄마 전수현

구술자 전수현은 단원고 2학년 9반 고 오경미의 엄마다. 조용하지만 엉뚱한 면모가 있는 경미는 뭐든지 잘하는 큰딸이었다. 엄마의 분신 같은 존재인 경미를 잃고 엄마는 추억에 차이어 꼼짝할 수가 없다. 엄마는 아이들이 안전하게 살 수 있는 사회를 만들기 위해 투쟁에 힘쓰는 것과 함께, 공방 일을 하며 세월호에 대한 진실된 이야기를 사람들에게 들려줄 수 있도록 노력하고 있다.

전수현의 구술 면담은 2018년 1월 19일, 2월 2일, 8일, 3회에 걸쳐 총 5시간 30분 동안 진행되었다. 면담자는 유은주, 촬영자는 강재성이었다.

구술자 본인의 프라이버시나 제3자의 프라이버시를 보호해야 할 부분을 제외하고는 구술자의 발화를 있는 그대로 전사했다.

1회차

2018년 1월 19일

시작 인사말

면담자   본 구술증언은 4·16 사건에 대한 참여자들의 경험과 기억을 기록으로 남김으로써 이후 진상 규명 및 역사 기술에 기여하고자 합니다. 지금부터 전수현 씨의 증언을 시작하겠습니다. 오늘은 2018년 1월 19일이며, 장소는 안산시 단원구 4·16기억저장소 기록의 방입니다. 면담자는 유은주이며, 촬영자는 강재성입니다.

구술증언에 참여하게 된 동기 및 최근 근황

면담자   본 구술증언에 참여하게 된 동기는 무엇이죠?

경미 엄마   참여하게 된 거는 기록의 중요성이랄까? 잊어버리잖아요, 기억이라는 게. 잊어버리기 때문에 그런 것도 있고, 그 하나의, 기록이라는 것에 대해서 요즘 많이 생각하다 보니까….

면담자   이 구술증언 기록이 앞으로 어떤 목적으로 사용되기를 원하시는지요?

경미 엄마   그닥에 목적의식 가지고 그런 거는 아니구요, 그니까 이걸 뭐라고 설명해야 되나? 내 아이의 기억이라고 해야 하나요? 우리 아이에 대한 기억도 있고, 그니까 이 일을 겪으면서 우리가 겪었던 얘기를 하게 되잖아요, 하다 보면 이런 일을 겪음으로써, 이 사회에 살다 보면은 이런 일이 또 안 난다는 보장은 없잖아요. 우리의 경험을 통해서 좀 더 나아졌으면, 그런 일은 발생 안 했으면, 그니까 실수를 되풀이하지 않는 거죠. 약간은 거창하게 말하는 것도 그렇고 그래요(웃음). 그런 실수를 줄일 수도 있고, 대처 방법에 대해서. 이런 아픔을 가진 사람들은 어떻게 하면은 좀 더 그 아픔이, 아픔에 상처가 될 말을 다 하잖아요. 그런 것도 이러면 안 되겠구나.

그니까 마찬가지예요, 저희 이런 구술을 떠나서, 상담을 하거나 그런 것도 그런 거 같아요. 이렇게 주로 상담을 하게 되면, "내 얘기를 해보세요" 그런 얘기로만 나오잖아요. 근데 그런 것도 마찬가지로 이게, 이 구술이 쌓이다 보면은 "아, 이런 방향으로 가면 안 되겠구나"라는 그런 것도 나오겠죠?

면담자   최근 근황 및 진상 규명 활동 이런 것에 대해 이야기해 주세요.

경미 엄마   최근 활동은, 저는 공방에서 활동하고 있어요. 여기 대외 협력해서 간담회를 가거나 그런 거는, 어딜 나가기는 아직 작은애가 어리다 보니까 나가기는 힘들고, 저는 이 공방에 나와서, 지금 아이들이 여기 있잖아요, 분향소에. 그니까 여기가 비지 않았으면 좋겠어요. 여기가 북적북적했으면 좋겠고, 그러니까 여기 공방에 나와서 우리 유가족들 모여서 다 같이 얘기도 하고, 만들기도 하고, 저희가 '엄마랑 함께하장' 4회를 했잖아요. 그런 활동하고 있다가도 출두 명령이 나면, "기자회견 한다" 그러면은 국회로 어디로 뛰는 거죠. 제가 할 수 있는 한에서는. 집에 있으면 뭐 해요, 저기 하니까….

면담자	사명 의식으로 분향소를 지키시는 거네요.
경미 엄마	그런 거 같아요, 왜냐면 이 공간이 비지 않았으면 좋겠어요.

3

전주에서 태어나 서울로, 사회생활과 결혼생활

면담자	네. 4·16 이전의 삶에 대해서 여쭤보겠습니다. 출생지는 전주라고 하셨는데, 형제가 어떻게 되시나요?
경미 엄마	2남 2녀.
면담자	2남 2녀 중에 몇 째세요? (경미 엄마 : 막내요) 부모님들은 어떤 분이셨어요?
경미 엄마	저희 부모님이요? 평범하신 분들(웃음).
면담자	전주에서 언제까지 사셨나요?
경미 엄마	고등학교 졸업하고, 사회생활 하다가 올라왔죠.
면담자	전주에서 사회생활 하셨어요? 어떤 일들을 하셨어요?
경미 엄마	직장생활? 판매직 했었죠, 백화점에서 일했었구요. 거기서 있다가 제가 [19]93년인가 2년인가 3년인가 올라왔을 거예요, 서울로.
면담자	결혼하시고요? (경미 엄마 : 아니요) 93년에?

경미 엄마   그때가 23살인가? 그 정도 올라왔을 거예요, 서울로.
(면담자 : 특별한 계기가 있었어요?) (한숨을 내쉬며) 아, 갑갑해서요(웃
음). 혼자 남았었거든요, 언니도 중학교 3학년 올라갈 때 시집가 버
리고, 큰오빠도 그해에 장가가고, 작은오빠가 서울서 학교를 다녔기
때문에 "오빠한테 간다"고 엄마한테 "보내달라"고 그래서, 그니까
20살 졸업했을 때 "간다"고 그랬었어요, "서울 올라간다"고. "어차피
직장생활 할 거면 서울 가서 한다"고 그랬더니, 내가 올라가면 "오빠
굶겨 죽인다"고 못 가게 하시더라구요. 근데 너무 갑갑해서…. 맨날
전화해서 "너 몇 시에 들어올 거니?" 간섭이 워낙 심해서 가지고 싫
어서 올라왔죠, 올라와서 오빠랑 둘이 살았었죠. (오빠) 밥해주면서,
내 생활 하면서. 그러고 직장 다시 잡아서….

면담자   직장을 다시 잡아서 다니신 거예요?

경미 엄마   그니까 거기 직장에서 그 직장으로 옮겼어요, 본사로
옮겼어요. (면담자 : 어디서 일하셨어요?) 롯데백화점이요. 그러다가
계속 일하다가 저희 신랑 만나서….

면담자   아버님은 어떻게 만났어요?

경미 엄마   우리 신랑이요? 대학교 축제 날. (면담자 : 남편 대학 축
제에?) 네, 놀러 갔다가, 친구 통해서 같이 갔다가 거기서 만났죠.

면담자   몇 살 때 만났어요?

경미 엄마   스물, 내가 스물여덟에, 스물일곱에 결혼했으니까 1년
반 사겼[귀였]으니까…. (면담자 : 한 스물다섯?) 그때 만난 거 같아요.

면담자   서울 와서 재밌게 지내셨네요.

경미 엄마   그렇죠. 근데 오빠가 워낙… (면담자 : 전주에서도 재밌게 지내셨을까요?) 아우, 두 내외가 워낙 저기 해가지고. 늦게 들어가도 뭐라 하고, 아무튼 그러셨어요. 늦게 못 다니게….

면담자   전주에서는 결혼한 오빠들하고 같이 지내셨어요?

경미 엄마   아니, 엄마 아빠하고. 관심인데[이긴 한데] 힘들더라구요, 어디 꼼짝도 못 하고.

면담자   서울 와서는 날개 펴고 자유롭게 지내셨나요?

경미 엄마   아니요, 작은오빠 있는데….

면담자   결혼을 하셔서 남편이 안산으로?

경미 엄마   아니요, 원래는 고양에 살았어요, 고양시. 시집을 가서 시댁 들어가서 살다가 우리 신랑, 부천, IMF 터지고 부천으로 이사를 나와서 삶이 좀, 쭉쭉쭉쭉 옮겨 다녔죠. 저희 신랑이 사업한다고 하다가 우리 딸내미 6살 때인가? 경미 6살 때 쫄딱 망해가지고 전주도 갔다가, 다시 안산 오게 된 거예요. 이 사람이 사업을 하다가 부도나 가지고, 사람을 너무나 잘 믿어가지고.

면담자   고생을 많이 하셨네요.

경미 엄마   아, IMF 때는 안 힘들었어요. 왜냐면 이 사람이 원래는 기계설계 하는 사람이라 그닥 IMF 타거나 그러지는 않았었어요. (면담자 : 이후에 혼자 사업을 하시다가?) 네네, 근데 원래는 기계설

계 하는 사람인데, 갑자기 현장을 투입을 하드만 현장을 왔다 갔다 돌아다니더라구요. 그러면서 자기가 해본다고 했다가 홀라당 말아 먹었죠, 집째 다 날려먹고.

4
안산 정착과 그 이후의 일상

면담자 경미는 어디서 낳았어요?

경미 엄마 우리 경미, 결혼하고 시댁에 살면서 [가지게 되었고], 낳기는 전주 가서 낳았죠.

면담자 안정된 시기였겠네요. (경미 엄마 : 그렇죠) 경미가 몇 살 때 안산에 오신 거예요?

경미 엄마 우리 경미 초등학교 3학년.

면담자 안산에 오셔서 직장생활 하셨어요?

경미 엄마 와서는 애 키우느라고 바빴죠. 왜냐면 ○○가 □살 차이가 나기 때문에, ○○를 □년에 낳았으니까. 거의 애만 키우다가 딱 3주 해봤어요, 사고 나기 3주 전에. 애가 경미 대학교 들어가야 되니까, 대학교 들어가고 작은놈이 초등학교 들어갔으니까, 그렇게 □학년 되니까 고학년 되잖아요. 그래서 딱 3주 해봤어요.

면담자 무슨 일 하셨어요?

경미 엄마   □□ 가서, 식품 회사 가서 무균실 가서 일하고.

면담자   여기 오셔서는 아버님이 일하시면서 (경미 엄마 : 괜찮
게 풀려갔어요) 그렇죠?

경미 엄마   그니까, 이 사람이 사업을 하다가 홀라당 말아먹어서.
이 사람도 그러다 보니까 약간 무기력해지는 거 있잖아요, 약간 사
람이. 그리고 ○○는 낳았고, 그래서 ○○ 3살 때인가, 3살 때죠,
□년에 낳았으니까. 생각했죠, "그냥 전주 가자"고, "다 저기 하고
전주 가서, 어차피 이 사람은 현장을 뛰어야 하니까, 현장소장을 하
니까, 난 애 키워야 되니까 전주 가자" 그래서 전주 가서 한 1년 7개
월 살았나요? 근데 아시다시피 저희 엄마가 사람을 쪼이는[쪼는] 데
가 많아 가지고, 힘들더라구요. 그래서 그때 딱 500만 [원] 가지고 올
라왔어요. (면담자 : 안산으로?) 안산으로. 그니까 아가씨들이 여기 살
았기 때문에 왔는데, 그리고 저렴했고, 여기 자체가. 근데 여기 와서
잘 풀렸어요. 여기 와서 다시 직장 잡고 2년 안에 거의 빚을 다 갚았
으니까. 빚도 갚고, 월세에서 전세로 이사 가고. 그니까 우리 신랑이
되게 힘들었죠, 현장소장으로 돌면서. 그래도 재미있게 살았던 거
같아요, 그 당시에는.

면담자   4·16 이전에 일상은 어떤 식으로 보내셨나요?

경미 엄마   아침에 일어나서 애 학원 보내고 (면담자 : 몇 시쯤에?)
일찍 일어나야죠. 학교 보내고, 유치원 보내야 하니까. 보내고 10시
에 운동 갔다가, 그때는 에어로빅을 했었으니까, 10시에 운동 갔다
가, 엄마들이랑 점심 먹고 집에 들어오고, 아니면 놀다 들어오고. 애

들 들어올 때 들어오고. 작은아이에 맞춰서 (데려오고), 큰애 학원 보내고. 그니까 애만 본 거 같아요. 그리고 아가씨들이 일을 하니까 그 집 애들도 보고, 애 다섯 명 봤어요. (면담자 : 시댁이요?) 시누, 시누 아이 하나, 사촌 시누 애 둘, 그렇게 다섯 명 봤어요.

면담자　　돈은 받으셨어요?

경미 엄마　　아니, 그냥. 근데 어차피 내 새끼, 저녁에 잠깐 밥 먹이고 그거니까. 걔네들이 갓난쟁이가 아니라 학원 보내고 그런 거니까. 아프면 병원 데리고 가고, 그 외에는 손 가는 데가 없으니까. 평범하게 지냈던 거 같아요.

면담자　　주말은 대체로 어떻게 보내셨어요?

경미 엄마　　저희 신랑이 집에 자주 없기 때문에, 그 당시만 해도 주로 현장에 가 있고 주말에는 오니까. 주말에는 애들이랑 맛있는 거 먹고 돌아다니는 그게 일이죠.

5
큰딸, 경미에 대한 기억

면담자　　경미와 관련된 일 중에 가장 기억에 남는 건 어떤 것들인가요?

경미 엄마　　가장 기억에 남는 거? 다 기억에 남죠. 어렸을 때 태어나서 되게 순했거든요. 저희 경미가 손이 안 가는 애. 착했고, 엉뚱한 면도 있는데 되게 순하게 커서. 엉뚱한 걸로 치면 유치원 때, 학교, 학원 버스가 아파트까지 오는데 그때는 뭐 때문에 내가, 그때는 혼자 있었으니까 ○○가 □년 차이 나니까, 경미하고. 학원은 아파트 단지 문 앞에 오니까, 차가 오니까 얘만 혼자 내보낸 거예요. 내가 무슨 일 있었던 거 같아. 그니까 웬만하면 아침에 이렇게 데려다, 차 가는 거 보고 '바이 바이' 하고 들어오잖아요. 근데 무슨 일이 있어서 애 혼자 갔는데 학원에서 전화가 온 거예요. "애가 차에 안 탔다"고 발칵 뒤집어져서 온 동네를 쫓아다녔더니, 이게 학원까지 한 길이에요, 길이. 맨날 걸어 다녀서 그 한 길밖에 안 되니까 지 생각에 나갔는데 차가 안 오니까 손을 요렇게 해서 요렇게 뛰면은 빨리 갈 수 있대, 그래 가지고 이러고 학원을 뛰어간 거야.

나중에 전화 와서 "학원 왔다"고. "왜 그랬냐"고 그랬더니 요렇게 하면 빨리 걸을 수 있으니까 확 갈 줄 알았던 거야. 그런 엉뚱한 일을 저지른 때도 있고, 자라면서 그렇게 말썽을 많이 안 겪어봐서, 사춘기도 그렇게 크게 안 겪어봤고. 항상 조용한 애, 조용한 애였는데, 고등학교 올라가서 연극했어요, 주연배우 했었어요. 그것 때문에 깜짝 놀랐죠. "어머, 저 애한테 저런, 그런 게 있나?" 남 가르치는 것도 좋아하고, 그게 좋았나 봐요. 남 앞에서 하는 것도 좋고, 그니까 애들이 연극제 할 때 "오경미, 예쁘다", "오경미, 잘생겼다", "오경미, 잘한다" 이러면 좋더래요, 그게. 그러면서 외향적으로 많이 바뀌기도 하고, 되게 조용히 엉뚱한 애, 그랬던 거 같아요. 항상 선생님 뒤에서 "선생님 도와줄까?" 그랬던 거 같아요. 유치원 때도 선생님이 "너는 나의 조교야" 항상 그렇게 얘기하고. 초등학교 때도 마찬가지

로 선생님 끝나면은, "선생님 도와드릴 거 없어요?" 선생님 다 도와
주고 오고. 웬만한 거는 다 지가 도맡아서 할 줄 아는 그런 애였던
거 같아요.

학교 다닐 때는 그랬었고. 선생님들 얘기를 들어보면은 조용하
니 엉뚱하다고, 조용히 뒤에 와 있고, 조용히 할 일 없나 찾아서 도
와주고, 그랬던 애?

면담자　　　혹시 잊지 못할 구체적인 에피소드 있으신가요?

경미 엄마　　못 잊을 거요? ○○가, 경미 5학년 때일 거예요, 아
마. 그해가 대통령 선거가 있었던 거 같아요. □월 □일 날, □월
□일이 원래 ○○ 생일이에요. ○○ 유치원에 맡겨놓고, 경미랑 둘
이서, 경미가 워낙 놀이 기구 타는 거를 되게 좋아해요. 저도 좋아하
고 하니까 아침 10시에 서울랜드를 가서 둘이 하루 종일 탔어요, 7시
까지. (면담자 : ○○은요?) 유치원에 맡겨놓고, 야간까지 맡겨놓고,
"약속 있어서 늦게까지 봐달라"고 해놓고, 둘이서 그렇게 놓았던. 워
낙 좋아하니까, 다 거기 있는 걸 다 탄 거 같아요, 늦게까지. 여기 오
니까, 안산 오니까 7시 반이더라구요.

면담자　　　이게 가장 기억에 남는 이유는 뭔가요?

경미 엄마　　그니까 둘만 했던 거잖아요. 오롯이 둘만 했던 거예
요, 그게.

면담자　　　경미를 키워오면서 교육적으로 중요하게 생각하시는
것들이 있으셨나요? 공부라거나 성격이라거나.

경미 엄마   저는… [경미가] 공부는 잘했구요, 그니까 그 정도면 잘한 거 같아요. 제 생각에는 꼭 1등이 아니라, 반에서 5등 안에 들었었고 지 하고 싶은 거 다 했었고. 나는 얘가 약간 기가 없다고 그러나요? 그니까 하는 건 다 해요. 시키면 너무 잘해, 잘하고 학교 숙제도 마찬가지고 지가 알아서 다 하는 애인데, '스스로 제가 하겠습니다' 그런 게 많지가 않았던 거 같아요. 항상 얘는 학교를 가면, "얘는 시켜만 줘보시라"고 "다 하니까". "그니까 자신감을 가지라"고 해도 항상 목소리가 적었었고, 그래서 "항상 자신감 갖고 뭐든지 하라"고, 그렇게 키웠던 거 같아요. "하고 싶은 거 있으면 얘기하라"고.

면담자   나중에는 그 바람대로 활달해진 거네요.

경미 엄마   네, 그리고 친구도 많았고. 그니까 조용조용한 약간 그랬죠, 조용조용하게 사고 치는 애라고. 조용조용한데, 항상 있는 애. 그랬던 거 같아요. 그리고 그닥 그렇게 큰소리 내고 그럴 일이 애한테는 거의 없었던 거 같아요, 잘 따라줬고.

면담자   세상 돌아가는 일이나 아이들 뭐 입시 관련해서는 어떻게 주로 정보를 얻으셨나요?

경미 엄마   운동을 하다 보니까 내 또래에, 그리고 경미 또래에 선후배들 부모들을 만나잖아요. 만나면서, 얘기하면서 "어디가 좋다더라" 이런 정보를 얻는 거죠. 따로 설명회 다니는 그런 거는 없고, 아직….

면담자   교회를 다니시거나 이러지는 않으셨구요? (경미 엄마 :

네) 학부모 모임에는 초등학교 때부터 많이 참여하셨나요?

경미 엄마   학교는 별로 안 갔던 거 같아요. 그니까 딱 총회 때, 그때 한번 가서 인사드리고, □학년 때 같은 경우에는 애가 반에서 부반장인가 해가지고 어쩔 수 없이 가서 애들 간식 넣어주고 그런 거? 학교는 잘 안 갔어요. 학부모 총회 때 가서 "아, 경미 엄마입니다" 인사하고 오고. 근데 고등학교 때 갔더니 엄마들이 안 와가지고 어쩔 수 없이 반 대표를 했었어요, 그때는. 그래서 학교 가서 열심히 일했어요.

면담자   주로 정보는 에어로빅 운동으로? (경미 엄마 : 운동하면서) 그리고 학교 소속이라기보다, 선후배들을 통한 정보로 애들을 키워내신 거네요. (경미 엄마 : 네)

면담자   투표는 잘 참여하셨어요?

경미 엄마   그닥, 놓고 왔겠죠.

6
경미의 수학여행, 그리고 4·16 참사

면담자   그러셨구나. 수학여행 출발 전에 여행에 대해서 어떤 이야기들을 알고 계셨어요?

경미 엄마   그니까 저는, 제가 학교 다닐 때 수학여행이라는 게 그렇잖아요. 추억을 쌓고, 재밌었잖아요, 사실. 그래서 경미한테 항상 "가서 추억 많이 쌓고, 사진 많이 찍고…" 좋은 거니까. 우선은 수학여행에, 친구들 추억 진짜, 고등학교 때 수학여행은 그렇잖아요. 평생 남잖아요, 다 컸을 때, 해볼 수 있는 일탈도 할 수 있고 그런 게 있잖아요. 그래서 잘 갔다 오라 그랬죠.

면담자　　수학여행 준비 과정에서 동의서를 받는 과정들이 있잖아요. 그런 것들은 꼼꼼하게 챙겨보셨나요?

경미 엄마　　네, 왜냐면 사실 배가 그 전해였나? '1박 2일'이든[인가] 어디든[인가] 나왔었어요. 이런 배 타고 어디 나가서, 그 배 선상에서 폭죽놀이 하고 그러고. 경미랑 낚싯배도 타봤고, 사실 배에 대해서는 거부감이 없어요, 경미 같은 경우에는. 그러기도 하고, '재밌을 거 같다'는 생각이 저는 들었었던 거예요. 이게 긴 시간이지만, 그 가는 동안 애들끼리 배 안에서 얼마나 재밌었겠어요, 처음에. 그래서 저는 그게 위험할 거라는 생각도 안 했고, 기꺼이 그냥…. 그때는 그랬죠.

면담자　　수학여행 가기 전에 같이 쇼핑을 하진 않으셨어요?

경미 엄마　　그렇게 뭘 사고 그러는 애가 아니어서, 전날 영어 과외 갔다 와서, 아침에만 같이 나왔죠. 아침에 수학여행 가면서 출근하면서 나는 출근 버스 타고, 지는 학교 가는 버스 타고 버스 정류장에서 헤어졌으니까. (면담자 : 집 앞에서 헤어지신 건가요?) 집 앞에서.

면담자　　인천에 안개가 끼어서 배가 안 뜬단 이야기도 있었죠?

경미 엄마　　전화가 왔었어요. 그니까 "안개가 많이 껴서 엄마, 안 갈 수 있어, 이따 아침에 봐" 그러더라구요. (면담자 : 돌아올 수 있다고) 네, "있다"고. 근데 나중에 문자가 왔더라구요, 아 전화했구나, "출발한다"고.

면담자　4월 15일 날 저녁에 한 건가요? (경미 엄마 : 네, 저녁에) 학교에 돌아올 수도 있다는 이야기를?

경미 엄마　네, 그 얘기 했었어요. 중간에 거기 가서 기다리는 동안에, "그 과정에서 못 갈 수 있다"고 그런 얘기를 했었죠.

면담자　학교로부터 공식적으로 그런 이야기가 나왔으니 애들이 이야기한 거겠죠?

경미 엄마　선생님들이 회의를 하니까 그랬겠죠?

면담자　그렇게 짐작을 하시는 거죠?

경미 엄마　짐작…. 얘가 "엄마, 안 갈 수도 있대" 그랬으니까, "안개가 꼈으니까 안 갈 수도 있다" 그랬으니까.

면담자　"출발한다"는 이야기는 몇 시에 들으신 건가요?

경미 엄마　거의 9시쯤 다 되어서였던 거 같아요. 8시인가, 9시인가, 그때 가면서 "나 간다"고, "갔다 온다"고 아침에 6시 46분인가 그때 카톡[카카오톡]으로 배 뒷머리 가서, 선미 가서 사진을 찍었더라구요. 사진을 찍어서, 사진만 보냈더라구요. 그니까 '가고 있다'고, 워낙에 표현을 많이 안 하는 애라, 사진만 딱 찍어서 왔길래, "잘 가고 있니? 어디만큼 갔니?" 카톡을 했죠. 근데 연락이 없더라구요, 그 이후로는.

면담자　　　　정황상 우리가 판단하면 사고가 일어나지 않은 때죠?

경미 엄마　　네, 그니까, 저기를 봤어요, CCTV를. 워낙에 경미 같은 경우에는 "호기심이 많다"고 그랬잖아요. 그 전날에 배를 혼자서 다 돌아다니더라구요. 개만 삐삐삐삐삑, 어디에 뭐가 있고, 뭐가 있고. 돌아다니면서 친구가 손을 다쳤나 봐요. 그니까 걔를 데리고 로비 가서 대일밴드 발라주고, 그러고 아침에 일어나서 한 7시 넘어서인가 밥을 먹으러 갔는데, 셋이 갔는데 혜화하고 하영이하고 경미하고 셋이 갔는데, 혜화가 교정기를 하고 있으니까 밥을 늦게 먹거든요, 그니까 앉아서 기다리고 있더라구요, 밥 먹을 때까지. 다음에 식수대 가서, 제가 약을 먹였어요, 꼭 어디만 가면 생리가 터져서 피임약을 먹였거든요. 왜냐면은 저기 갔는데 시작하면 너무 힘드니까, 그니까 시간대를 딱 8시로 정해줬거든요, 그 시간. 얘는 FM, 약은 항상 FM으로. 식후 30분 시간 딱 맞춰서 먹으니까 그 시간대에 약 먹는 장면이 많이 나오더라구요. 먹고, 올라와서 옷을 다 갈아입고 선미 쪽 가서 친구들, 경미, 하영이, 혜화, 향매 이렇게 네다섯 명 정도. 한 명이 또 누구였지? 선미 쪽 가가지고 지 핸드폰 보면서 "깔깔깔깔" 웃고 있더라구요. 그 CCTV상으로는 8시 20분이었거든요, 그때 당시가. 그때까지는 밖에서 놀다가 그러고 들어간 게 마지막이니까.

면담자　　　　어머니는 맨 처음 사고 소식을 어디서 들으신 거예요? (경미 엄마 : 일하다가) 누구한테서 연락받으셨어요?

경미 엄마　　공장장한테. 저는 무균실이기 때문에 아무것도 [들고]

들어갈 수가 없어요, 옷도 다 갈아입고 들어가니까. 핸드폰이 없으니까. 근데 공장장님 딴에는 없을 거라 생각했나 봐요, 단원고 학부모가. 근데 딱 들어와서 한다는 소리가 "단원고 학생, 저기 진도에서 사고 났대요" 그러고 말하고 "내 딸 단원고"라고. 근데 그 상황에 연구실 팀이 들어와 있었거든요. 연구하는 사람들이 지 핸드폰 가지고 있다가 들어오니까 "핸드폰 다 쥐보라"고 확인했더니 이게 떴더라구요. 그래서 곧바로 옷 갈아입으러 갔는데, 우리 반, 그때는 우리 반인지 몰랐어요, 한 분이 또 있더라구요. 그 3주밖에 안 되어서 주변을 모르니까, 같이 나오면서 얘기하다 보니까 같은 반이더라구요, 다빈이가. 다빈이 엄마도 거기서 같이 일을, 그분은 오래 하셨기 때문에. 그래서 저희 신랑이 저를 데리러 오고 학교로 갔죠.

면담자　　　학교로부터는 어떤 안내를 받고 이동을 하셨나요?

경미 엄마　　학교…. 문자는 왔던 거 같아요, 사고 나고. 왜냐면 저는 핸드폰을 안 들고 갔으니까, 나중에 핸드폰을 봤거든요, 나와서. 근데 똑같은 거죠. 저희 "전원 구조됐다"는 말은 가서 들었고, 그 강당에서. "최선을 다한다" 그런 문자였던 거 같아요.

면담자　　　학교 버스로 진도로 내려가시게 된 거죠? (경미 엄마 : 진도로) 진도로 내려가는 도중에 첫 희생자가 나온 거지요? (경미 엄마 : 네, 차웅이) 진도로 내려가기까지의 이야기를 해주세요.

경미 엄마　　그때는…. (면담자 : 아버님도 같이?) 아, 작은놈이 그 당시에 초등학교 □학년이었기 때문에 그날 "다 구했다" 그랬잖아요, 그랬기 때문에. 우선 딸내미잖아요, 딸내미니까 옷을 챙겨가야 될 거 같더라구요. 속옷이든 신발이든 다 젖었을 거니까 저희 신랑한테, 집에 가서 애 옷 챙겨 오고, 그리고 ○○가 그때 걸스카우트 승단식이 있었어요, 작은놈 챙겨야 되니까 제가 여기서 ○○ 챙기고, 애 저기[구조] 했다니까, 저기 나왔다니까, "내가 데려올 테니까 있으라" 하고 그러고 저만 내려갔죠. 애 옷 챙겨 올 동안 기다리다가 그러고 내려갔어요. 내려가서, 내려가면서 이 사달이 난 거잖아요. 그니까 중간에 버스 안에도 생존자 부모도 있었고.

면담자   그때는 사망자는 정차웅 외에는 모르고 간 거죠?

경미 엄마   모르고, 전화 통화하시는 분, 그분은 [아이가] 살아 계시는구나, 살아 있구나. 사이에 가면서 전화 통화하는 사람도 있었고, 우리가 할 수 있는 건 물어보는 거죠. "주변에 혹시 경미라는 애가 있냐?" 그거 물어보는 정도지, 가서까지는 거의 몰랐으니까.

면담자   구조되었다고 했을 때는 경미랑 통화했어요?

경미 엄마   전화를 안 받죠.

면담자   그런 상황에서 내려가시게 된 거죠?

7
뜬눈으로 지새운 진도에서의 7일, 그리고 경미와의 만남

경미 엄마   내려갔죠, 내려가서 진도체육관을 먼저 가는 거예요. 근데 밖에 상황판이 있고, 들어갔는데 얘들이 있었어요, 나와 있는 생존자 아이들이. 그래서, 애들도 패닉 상태니까 울고, 근데 어떻게 든 9반 친구를 찾으려고 했는데 저희 반이 딱 두 명 살았거든요. 그 니까 힘들더라구요. 22명 중에 2명 살고, 그니까 상황이 그랬어. 그 상황이 거기 있을 수가 없었어요. 더 가까이 가야 되는데 사실 체육 관은 내륙에 있고 그래서, "다 같이 팽목항 가자, 팽목항으로 들어온 다고 그랬으니까" 다시 버스를 타고 팽목으로 갔죠. 나는 팽목으로 가고, 저희 신랑은 "전원 구조됐다" 그 얘기를 듣고 있었는데 있을 수가 없잖아요. 상황이 바뀐 거잖아요, 애들이 안 오니까. 저희 아가 씨가 당시에 택시를 하고 있었는데, 택시를 타고 진도까지 내려왔어 요. 아가씨가, 둘 다, 다. 거기서부터 계속 진도에 7일 동안 있었던 거예요. 그니까 중간에 내려와서, 아가씨 있다가, 왜냐면 회사 택시 이기 때문에 가져다줘야 되니까, 다시 올라가서 회사 잠깐 쉬고 저 희 차 끌고 내려오고. 왔다 갔다 해야 되니까. 작은놈도 봐야 되니 까. 그래서 "아가씨, 오라" 해서 작은놈 맡겨놓고, 그니까 거의 7일 동안 진도에 살았죠.

면담자   아이가 더는 물속에서 살아 있기 힘들겠다고 생각하 신 때는 언제였나요?

경미 엄마   한 이틀 뒤쯤에는 희망을 놓았던 거 같아요. '찾기만 했으면'. 왜냐면 그날 저희는 팽목 가서, 계속 팽목 저기 있었잖아요, 텐트 안에. 그다음 날엔가 비가 왔어요, 17일 날이. 비가 참 많이 왔 던 거 같아, 텐트가 다 젖을 정도였으니까, 떨어질 정도였으니까. 그 러면서 "애들 살아 있다"고 메시지 뜨고 그랬었잖아요, 거기에 경미가 속해 있었거든요. 그니까 그 당시만 해도 "에어포켓이 있네, 뭐 하네", 희망 고문을 하잖아요, 그 당시만 해도. 근데 한 이틀 지나고 나서는 살아 있을 거라는 생각을 못 하게 되는 거, 그냥 희망인 거죠. 혹시나 하는 희망인 건데 '각오는 해야겠다'는 생각을 했어요. 사실 그 당시만 해도 [혹시나] 했던 거 같아요, "찾기만 했으면, 어떻게든 찾기만 했으면".

면담자   체육관에선 브리핑이나 대통령 방문이 있었을 텐데요.

경미 엄마   저는 거기는 안 가서 몰라요. 팽목에서 계속 있었어요. 멀어서 30분 이상 차로, 차를 타고 30분 이상 가야 하는데요.

면담자   체육관 소식은 전혀 듣지 못하셨던 건가요?

경미 엄마   팽목은 와서 브리핑을 한다고 브리핑을 하는데, 똑같은 거죠, 똑같은 소리예요. "뭐 하고 있습니다, 뭐 하고 있습니다" 그러면서 언론은 맨날 똑같은 화면에 몇 명이 투입이 됐네, 그런 소리만 계속 나온다고 하더라구요. 근데 그 당시만 해도 저희는 그런 거 볼 겨를도 없었고, 거의 7일을 뜬눈으로 샜던 거 같아요. 저는 밤 되면은 팽목에서 볼 수 있는 거는 조명탄밖에 없어요. 조명탄이 터지니까 "아, 저기가 현장이구나" 그러면 그때는 그게 최선인 걸 아니까, 그거 쳐다보면서 앉아 있고, 기다리는 수밖에 없었죠.

면담자   뭐 하면서 기다리고 계셨어요?

경미 엄마   그냥 기다렸던 거 같아요. 아무것도 하지는 않았어요. 그니까 '얼른 내 새끼 찾았으면…' 하는 그런 생각. 간절함이겠죠.

면담자 　　　　결국은 7일 만에 경미가 올라왔는데 그때의 기억을
좀 이야기해 주세요.

경미 엄마 　　　그니까, 경미가 22일 날 왔는데, 22일 날 저녁에 저희
신랑 친구들이 한 10명 정도가 내려왔어요, 팽목에. 중간중간 저희
시댁에서도 오고, 친정에서 오고. 왔다 가는데, 전날 친구들이 10명
정도 내려와서 밤새 얘기하고 그런 상황이었었어요. 밤새 얘기하고
있었는데, 새벽에 처음에 상황실 왔다 갔다 할 수밖에 없는 게, 상황
실에 애들 프로필 이렇게 나오잖아요. 애들 상세 사항 나오는데, 처
음 나왔을 때는 썼어요. 쓰다가 나중에 저희가 뭐라 해가지고 A4 용
지에다가 프린트해서 나오는데. 새벽? 아침? 아침때였을 거예요. 아
침때 밖에 친구들이랑 얘기하고 앉아 있는데 한번 가봐야 될 거 같
은 생각이 들어서 갔는데, 경미가 92번이거든요, 92번째로 들어왔거
든요. 92번에 우리 경미가 [키가] 한 □ 정도 돼요. 160이 안 되는데
거기 명세서에 □에 숏커트[쇼트커트]가 딱 나온 거예요. 숏커트가
많지가 않거든요. 주희하고 두 사람밖에 없어요. 네, 다 머리가 긴데
숏커트가 있고, 얘가 인중에 점이 있어요. 딱 경미인 거야. 그래서
전화를 했는데 우리 신랑이 전화를 못 받은 거야. 그래서 신랑 있는
데까지 또 뛰어갔죠.
　　가서 얘기하고, 올 때까지 이쪽 서망항 이쪽에서, 서망항이랑,
이쪽 팽목항 말고 진도항이랑 요 옆에 있잖아요. 그쪽에서 애들 들
어오는 데서 기다렸어요, 거기서 그냥 계속. 계속 기다리다가, 첫 번
째 끝나고 두 번째 그때 들어갔죠. 들어갔는데, 멀리서 봐도 경미더
라구요. 그냥 자는 것처럼 있더라구요. 저희 신랑이 되게 겁이 많아

요. 그래서 저보고 "너 힘들 테니까 들어가지 말라"는 거예요. "왜 안 들어가냐?" 근데 저희 신랑이 너무 힘들어하니까 친구들이 다 들어갔어요. 그 친구들이 경미를 보러, 우리 신랑이랑 같이. 저는 들어가 있고. 다 같이 들어온 거예요, 경미를 보러 그 안에. 그 안에 세 명이 있었거든요, 그렇게 세 명이 딱 있는데, 다 와서 확인해 주고 나서 곧바로 저희는 경미 데리고….

면담자   상태가?

경미 엄마   멀쩡했어요. 약간 멍은 이렇게 있더라구요. 얼굴에 멍은 약간 있는데, 차가울 뿐이지 멀쩡했었어요. 그때까지만 해도 몰랐었어요. 이게 사람이 죽으면 손톱, 발톱이 새까매지는 줄 알았어요. 근데 그게 아니었더라구요. 얘가 그 안에서 힘드니까 버텼을 거라고 생각을 했, 그래서 피가 다 이렇게 뭉친 거겠죠. 그니까 손톱, 발톱이 새까맣더라구요, 그거 외에는. 그거 말고 얼굴에 약간의 상처가 있었던 거 외에는…. 애를 두들겼어요, "일어나라"고. 진짜 일어날 거 같더라구요, 멀쩡한 거예요, 애가(한숨). 그리고 애 데리고.

8
경미의 장례

면담자   진도에서 병원이랑 연결해서 데려오셨나요?

경미 엄마   한국병원에서 확인을 하고, 한국병원 와서 다시 또 한 번 확인을 하는데 검안실이[에서] 애가 바닥에 있는 거야, 바닥에 있는 거야. 자기네는 이렇게 판이 있기는 한데, 높은 판이 아니라 바닥에 판을 놓고 애를 눕힌 거야. 성질나 가지고, "애를 왜 바닥에 막 눕혀놨냐"고 그랬더니 "아래에 뭐 있다"고 애를 한 다섯 번 본 거, 거기서 애 보고, 확인하고 DNA 다시 검사, 채취하고. 한국병원, 그 당시에 애들이 많이 나왔었어요. 애를 장례를 치러야지 했는데 안산에 없는 거예요, 장례식장이 꽉 차서 시화로 가래요.

면담자　　　그럼 22일 날 나오고 바로 안산으로 오신 건가요?

경미 엄마　　　네, 그니까 나와서 할 수 있는 거는 안치실에 놔뒀다가 이틀 후에 해야 된대요, 왜냐면 자리가 없어서. 그래서 나는 시화까지 가기는 힘들고, 왜냐면 얘가 안산에 살았고 안산에서 저기 해야 되는데, 그래서 당시에 고대병원이 있더라구요, 고대병원으로 왔어요. 와서 이제 거기 이틀 안치하고, 24일 날 해서, 안치하면서 고운이가 왔다는 소식이 왔어요. (면담자 : 고운이랑 친했다면서요?)

경미 엄마　　　네, 그래서 고운이 장례식장까지 예약을 해놓고. 왜냐면 막 오니까 그 당시에, 너무 사람이 많다 보니까 빨리빨리 잡아야, 저기 해서 잡아놓고, 그러고 이틀을 거기서 기다렸던 거 같아요. 매일 가서 확인하고 안치실도 확인하고, 그 과정에서 사진이나, 영정사진이나 그런 거 확인하고.

면담자　　　아이를 만났을 때 그 느낌은 어떠셨어요? 아버님이랑 ○○도 와서 언니를 봤어요?

경미 엄마　　　○○는 안 데려왔어요.

면담자	○○는 뭐라 그래요?
경미 엄마	○○… 잘 극복을 했죠. 그냥 어리다 보니까 그 당시

에 ○○를 볼 수 있는 상황이 못 됐었어요. 저희 그 일 있고, 애는 학원으로 돌리고 거의 올라와서는 분향소 지키고. 저희 신랑이 분향소 총무였거든요. 그래서 사람들 오면은 그동안 과정 설명해 주고, 이거 다시 안치시키고 이런 과정을 했기 때문에. 아침 8시 반에 출근해서 밤 10시에 집에 왔으니까. 애 학원, 여기 앞에 진성[학원] 보내면서 애 거기 맡겨놓고 여기 와서 같이 가고, 한번은 그러더라구요. "엄마, 해경이 잘못한 거지?" 그니까 걔도 다 인터넷으로 보니까. 근데 그거 외에는 그닥 아무 말도 안 해요, 대신에 얘기를 했죠. 온 집 안에 경미 사진이 있고, 지금도 마찬가지예요. 거실에 경미 영정이 있고, 경미 사진이 되게 많아요. 그래서 ○○한테 물어봤었거든요. "니가 싫으면 방에 놓고", "응" 괜찮대, "편하게 언니 얘기하자" 그래서 편하게, "아, 이거 언니가 좋아했던 거" 그리고 언니가 입던 옷도 지가 입고 싶어 하니까 그냥 입고. 괜찮게, 잘 견딘 거 같아요. 그리고 이사를 가면서 친구들도 집에 와서 지가 얘기하는 것보다 '아, 유가족이다'[가] 아니라, 뭐라 그럴까 '이런 상황이야' 이러면서 친구들이 스스로 알게끔.

그래서 그동안 와서 많이 놀았었어요, 애들이 와서. 대신에 언니 거, 경미가 큐브 같은 거 잘하거든요. "만지되, 제자리 갖다 놓으라고, 제발. 다른 거 없어지면 안 되니까" 그리고 지네끼리도 언니 얘기하고. 그니까 ○○ 같은 경우에는 그렇게 말 안 하고 그런 거는 없어요. 그냥 있는 것처럼. 언니가 좋아했던 거.

면담자 ○○도 장례식 과정에 참여를 했나요?

경미 엄마 그렇죠.

9
더 가까운 곳에 경미를 두지 못한 후회

면담자 화장을 하는 과정에서도 동의하기 어려운 부분들이 있거나 그러지는 않으셨어요?

경미 엄마 그렇게 생각을 깊게는 안 해봤었어요. 그니까 그 상황에, '애를 장례식을 해야 되냐, 말아야 되냐' 그럴 상황이었던 거 같아요. 처음 우리 올라왔을 때도, 경미가 일찍 온 거잖아요, 250명 중에 92번째니까. 근데 부모 심정이 그렇더라구요, 진짜 차가웠거든요, 애들이. 더 냉동실에 넣어놓기 싫은 거예요, 그 안에. 그래서 장례를 치른 거고. 그런 거에 대해서는 생각을 할 겨를이 없었고. 근데 치르기 전에, 23일 날 가서 교감선생님인가, 거기 고대병원 와 있었을 거예요. 애들 사진 조그만 걸로 뽑아 왔더라구요. 그래서 "난 싫다"고 "큰 거 뽑아 오시라"고 큰 거 뽑다가 다시 하고. 그 당시에 다른 거는 없었던 거 같아요.

면담자 지금 경미는 어디에 있나요?

경미 엄마 평택에 있어요. 지금 후회가 너무 되는 게, 그 당시만 해도 얼마 없었잖아요. 그니까 고대에서 서호를 많이 갔더라구요.

근데 이제 모르니까 "간다" 했는데, 알아보니까 안산에도 하늘공원이 있는 거예요, 근데 딱 보니까 밖인 거야. 눈비 맞고 밖에 있어서 그게 너무 싫었어요. 이게 왜냐면 애가 밖에서 추웠는데 그렇게 눈비 맞고 그런 게 너무 싫은 거예요. 그래서 "서호로 가겠다"고 했는데, 너무 멀어요. 멀기도 하고 시간이 거기는 9시부터 6시까지밖에 안 돼요, 개방 시간이. 그래서 지금은 한 달에 한 번씩밖에 못 가니까. 가까우면은, 하늘공원에는 버스도 다니고 하니까 보고 싶으면, 갑자기 막 미칠려고 할 때 있잖아요. 그땐 진짜 가고, 보고 싶은데 그게 쉽지가 않더라구요. 내가 만약에 운전을 했으면 괜찮을 건데, 겁이 많아 가지고 운전을 못하니까 신랑한테 얘기를 해야 갈 수 있고, 그렇게 하니까 지금은 후회가 돼요. 가까운 데 있었으면 훨씬 나았을 텐데, 빨리 왔으면 좋겠는데, 너무 애들이 뿔뿔이 있으니까. 그런다고 해서 애가 친한 친구들이 시흥에도 있을 거고 여기도 있을 텐데, 그렇게 만날 수도 없고.

면담자 고운이랑은 같은 곳인가요?

경미 엄마 옆에 있어요, 같이 했, 저희가 먼저 했기 때문에 미리 정해서 고운이 바로 경미 옆에 있어요.

면담자 어머니 입장에서는 조금 위로가 되겠네요? (경미 엄마 : 그렇죠, 친했으니까) 오늘은 여기까지 하겠습니다. 어머니 입장에서 힘드시진 않았나요?

경미 엄마 아니요.

4·16 이후 흔들린 일상, 무너진 꿈

면담자   2차 인터뷰는 언제쯤이 좋을까요? (경미 엄마 : 2차요?) 다음 주 금요일?

경미 엄마   그래도 돼요.

면담자   2차 인터뷰는 4·16 투쟁 과정이나 활동에 대해 여쭤 볼 거예요.

경미 엄마   다 까먹어 가지고 기억이 안 나요. 2014년에는 진짜 거의 국회에서 살았고, 국회에 살고, 일주일 단식하고 여기 와서 병원에 있고, 거의 매일 아침 9시면 서울을 향해 갔다가, 광화문이든 저기 청운동이든.

면담자   병원에는 왜 가셨어요?

경미 엄마   단식했었어요, 일주일 동안. 국회에서 단식하고 병원에 있다가 나오고, 그니까 집에 오면 11시, 12시. 자고 나면 가서, 왜냐면 거기서 자야 하는데 애가, 애 학교는 보내야 되니까. 아빠가 있어도, 저희 신랑도 1년은 거의 일 못 했어요. 일을 못 하다가 1년 쉬고, 13개월 □□에서 있었어요. 회사가 그쪽 일을 하다 보니까. (면담자 : 2014년에?) 15년에 갔죠, 1년 쉬고, 13개월 있다가 "도저히 너무 힘들어서 못 하겠다"고 떨어져서 지내… 4개월에 한 번씩 휴가라 그것도 그렇고. 떨어져 있으니까 ○○도 혼자고, 나 혼자밖에 없으니까. "힘들다"고 그래서 다시 와서 다른 일을 하자니 그 일을 하면,

저희 신랑이 발파 전문가이기 때문에 다른 데를 돌아다녀야 하고, 집에도 없고 하니까. 나이는 먹고 할 수 있는 게 없더라구요. 그리고 이 상황에 남의 밑에 가서 일하기는, 그게 서로 힘들고 그래서 할 수 있는 게 택시밖에 없더라구요. 그것도 안산에선 하기 싫고 그래 가지고 화성에서 하고 있거든요.

면담자　　　4·16이 아니었으면 아버님은 본인이 했던 일들을 그냥 쭉 하셨겠죠?

경미 엄마　　그렇죠, 꿈이 있었으니까, 얼른얼른 돈 벌어서 ○○, 경미 학교 가서 졸업하고…. 그런, 나름대로 꾸고 있었죠. 그니까 사는 재미가 사라졌어요, 사실 이 일로 인해서. 그런다고 해서 잘사는 것도 아니고, 우리끼리는 어느 정도는 잘살았던 거 같아요. 우리 경미가 지네 아빠를 보고, 아빠는 애교 많고, 그니까 제가 무뚝뚝해요. 경미가 비슷한 성격인 거고, 저희 신랑은 조금 애교가 원래 많아요. 아빠는 애교 많고, 엄마는 나 닮고, 작은놈은 지를 물로 보고. 약간 그런 식이었던 거 같아요, 살면서. 그리고 현장에, 지방에 가면은 저희가 가요. 버스 타고 가서, 동네 가서 경북 안동에 있으면 안동 하회마을, 도산서원이든 같이 돌아다니고. 그래도 경미랑은 신나게 살았던 거 같아요. 여기저기 애 데리고, 스키장도 다니고. 애가 갑자기 초급을 가더니 "재미없다"고 중급을 가서 휙 내려오고. 원래 운동신경이 되게 좋거든요.

면담자　　　경미 꿈은 건축이었다고 들었는데요, 이과였나요?

경미 엄마　　건축. 얘가 수학을 좋아해요, 물리 이런 거 좋아해요.

그래서….

면담자   상실감을 메울 수가 없겠네요.

경미 엄마   안 메워지더라구요. 그니까 이 우울증 자체가, 작은놈 심리검사를 하면서 결과를 보러 갔는데, 사실 작은놈은 괜찮대요. 굉장히 밝고 제가 문제인 거예요. 왜냐면 내가 경미한테, 그니까 서로, '경미는 나고, 나는 경미고' 그렇게 살아왔던 거 같아요. (면담자 : 성품도 비슷하고?) 비슷하고. 저희는 나는 경미 엄마구요, 저희 신랑은 ○○ 아빠거든요. 왜냐면 닮았거든, 성격도 닮았고 하는 짓도 닮았고, 근데 경미는 나랑 닮았고, 그니까 주로 우리 셋이 있으면 경미랑 얘기를 도란도란 많이 했던 거 같아요. 조용히 뭐든지 같이했기 때문에….

면담자   도란도란하다가 하루 날 잡아서 둘이서 놀러 가고요?

경미 엄마   그러기도 하고, 대화 상대가 되는 거잖아요. 아빠가 없을 때, 아빠 부재했을 때. 작은놈은 워낙, 작은놈은 어렸을 때 아팠거든요. 그래서 내 대화 상대고, 서로 얘기하고 그런 상대였기 때문에 항상 그랬던 거 같아요, 애하고…. "야, 빨리 커서 면허 따서 엄마 좀 데리고 돌아다니고, 엄마는 무서우니까. 니가 빨랑빨랑해서 엄마 술친구도 해줘야 되고" 고등학교 1학년 때 연극하면서 얘가 막걸리를 마시고 온 거예요. 봉사 갔다가 거기서 그랬나 봐요. "예술도 하니까 막걸리도 먹어봐야 된다"고, 그래서 먹고 깨고 온 거예요. 깨고 왔는데, 경미는 핸드폰도 다 열어놓고 살았어요. 이렇게 묶어놓지를 않아요. 다 이렇게 오픈하고 살았는데, 애가 들어오더니 혹 들어와서 자. 그래서 이상해서 확인해 봤더니 애 술 먹었, 막걸리를 먹고 애가 비틀거리고, 애가 나중에 선배들한테 들었는데, "술주정도 하고 그랬다"는 거예요. 그래 가지고 그다음 날 얘기했죠. "아직 이른 거 같아, 2학년 때 엄마랑 같이 먹자" 그렇게 약속했었는데. 그니까 먹지 말라는 게 아니라 어른한테 배워야 이것도, 나도 우리 아빠한테 배웠으니까 고3 때. '하지 말라'는 아니잖아요, 요즘은. 하되, 음성적으로는 하지 말고, 엄마 앞에서 떳떳하게 같이.

면담자   엄마가 딸과 나누고 싶은 게 너무 많았네요, 그렇죠?

경미 엄마   하고 싶은 게 너무 많았죠, 애한테 해주고 싶은 것도 많고 할 능력도 되고, 애가. 받아들이는 게, 애는 피아노는 되게 싫어하는데 기타를 잘 쳐요. 중학교 2학년 때인가? 그때 한창 기타가 되게 유행했었어요. 모든 애들이 기타를 다 쳤었어요. 그래서 "기타 하고 싶다" 그래서 두 달 클래식기타를 가르치는데 "재미없다"는 거야, 맨날 도레미파솔라시도만 한대. 기타를 사달래, 기타 사줬더니 지가 인터넷 보면서 마스터하더라구요. 그래서 지네 UCC 찍을 때에도 활용하고, 밴드도 하고, 그니까 고등학교 1학년 때 되게 많이 했어요. 연극도 하고, 친구들이랑 밴드도 하고, 일렉[일렉트로닉] 기타 쳤거든요. 되게 바쁘게 살았어요, 1학년을. 나한테 거짓말 해가면서 야간 학습도 안 하고. 연극 맨날 연습하러 다니고, 밴드 연습하러 다니고, 대신에 6시 이후에 들어오면 혼나니까 그 시간 맞추느라고 부리나케 전화하고. "엄마 집에 가고 있어" 늦어봤자 뭐 5분, 10분.

면담자   네, 2차에서는 투쟁 당시의 기억을 떠올릴 수 있게 자료를 준비해서 보내드리겠습니다.

11
자식을 먼저 떠나보낸 이의 마음

경미 엄마   기억이 안 나요, 어찌 그런 일이 있었나 싶기도 하고. 숨 가쁘게 3년을 산 거 같아요. 거의 안산에서 서울까지 도보하고, (면담자 : 어마어마한 시간이죠) 그렇죠, 진짜 상복을 입고 안산에서, 그때 저기 올 때, KBS 올 때 팽목은 저희 신랑이 가고, 저는 (면담자 : 병가라서?) 네, 그렇게 걸으라면 지금은 못 걸을 거예요. 그때는 해야 하고, 그럼으로써 울분이 있을 수가 없었으니까. 가만히 있을 수 없었으니까 그 당시만 해도. 정말 열심히 싸우고 다녔어요. (면담자 : 오히려 지금이 힘들다는 분도 계시는데 어머님은 어떠세요?) 지금이 더 힘들죠, 그때는 몸은 힘든데, 해야 된다는 사명감에 일어나서 어떻게든 나가고, 어떻게든 그 '해야 된다'는 생각밖에 없었던 거 같아요.

면담자   계속 살아야 될 텐데, 어마어마한 과제네요.

경미 엄마   그렇죠. 근데 다시 돌아오기 힘들고, 없던 일이 아니기 때문에. 근데 그거를 어떻게 극복하고 잘 사느냐가 문제인데, 그니까 지금 공허한 게 더 많이 와요. 그니까 요즘도 이렇게 일하다가도 가끔 한번씩은, 며칠씩은 집에 꼼짝 않고 있거든요. 나가기가 싫어, 사람 만나는 것도 싫고. 아무것도 듣고 싶지 않고, 그런 혼자만의 굴을 팔 때가 있어요. 그게 어쩔 수가 없는 거 같아요. 모든 게 싫어지는 자책감이라고 해야 되나, 아니면 뭐라고 해야 되나.

면담자　뭐를 자책하서요?

경미 엄마　'내가 얘를 수학여행을 왜 보냈을까?' 이런 생각? '내가 왜 안산에 왔을까? 굳이 내가 안산을 왜 왔을까, 여기가 직장도 아닌데…'.

면담자　어떤 어머니는 결혼을 왜 했는지도 생각하시더라고요.

경미 엄마　그런 생각도 해요. (면담자 : 그래요?) 네, '이런 일을 안 겪을 텐데…' 근데 이게 자식을 떠나보내지 못한 사람은 모를 거 같아요. 왜냐면 가끔 저희도 공방에서 엄마들 앉아서 같이 얘기하고 웃고 하면은 말 들리거든요. "저 엄마들은 애 죽고 왜 저렇게 신이 났냐"고, "웃냐"고 우리도 사람인지라 웃을 수 있잖아요. 근데 우리도, 부모들이 약간 조울증 환자처럼 그래요. 웃다가도 누가 하나 애 얘기 하다 보면 다 울어요. 이게 기복이 되게 심해요. 근데 이게 약을 먹어서 낫는 병이 아니잖아요. 근데 사람들은 그런 것조차 별로 생각을 안 하는 거 같아요. 그니까 우리 가족도 마찬가지이고. 예를 들어 우리 엄마 같은 경우는 내가 자식이니까 나를 걱정한다 생각하면서 "그만 잊고 니 생활 돌아가라" 이렇게 얘기하는데, 이건 내 일이잖아요, 엄마도 이해를 해요. 내가 힘들어하는 게 엄마가 보기에는 내 자식이 힘들어하는 거니까. 그것 때문에 한번 싸워가지고 한 1년은 통화 안 한 거 같아, 엄마랑.

　　대신에 언니한테 통화해 가지고 "잘 있냐?", "전화하지 말라"고. 하지 말라"고. "나 지금 그런 말조차 듣기 싫다"고 그니까 괜히 성질내는

47

1회차

거죠, 가족한테. 남한텐 잘 못하니까 싸움밖에 안 되니까. 근데 가족한테 하면은 들어주고 거기서 끝이잖아요. 딴에는 엄마한테 어거지[억지]도 써보고, 나이가 많거든요, 막내다 보니까. (면담자 : 연세가?) 85세, 몸도 불편한데, 두 분 다. 괜히 원망하고, 그렇게 되더라구요.

면담자　　　본인의 경험이 아니면 체감이 안 될 것 같아요.

경미 엄마　　　그니까 내가 이렇게 살 거라고 생각도 안 해봤으니까, 평범하게 살아서 남한테 해 끼친 것도 없고, 평범하게 살았는데 집 밖에 모르고 살았는데 진짜. 그니까 가족밖에 모르고 산 거잖아요.

12
둘째 아이에 대한 미안함

경미 엄마　　　근데 (한숨을 내쉬며) 그니까 가족의 해체라고 해야 되나, 진짜. 사실 저 ○○한테 미안한 게 있죠. 왜냐면 내가 경미한테 공을 들인 만큼 ○○한테 안 하거든요. 하고 싶은 마음이 없어요. "너 편하게 살아라" 그럴 뿐이지 애가 원하는 거에 대해서 같이해 줄 수 있는 게 많지 않더라구요, 내가 하기 싫어서. 그니까 지금 얘는 한창 보고 다녀야 할 나이인데, 내가 너무 힘들더라구요. 한번 저희 신랑이 □□에 있으면서 1년 넘게 있었으니까 ○○도 한번, 우리 신랑은 항상 뭘 하길 원해요, 어디 놀러 가는 것도 좋아하고 하니까. "한번 제발 좀 애 데리고 나오라"고 근데 못 가겠는 거야, 애 데리고. 근데 거의 끝나갈 무렵에 ○○ 데리고 □□ 갔다 왔는데, □□ 가서 너무 힘들더라구요, 그게. 왜냐면 얘기했잖아요, 경미하고 그런 놀이 기구 타고 되게 좋아했는데, 만약에 경미가 이 자리에 있었으면 진짜 거기를 다 탔을 거예요. 근데 ○○는 싫어하거든, 걔는 싫어해요, 무서워해. 내가 잡고 타는 거지. 내려갔다가 타고, 애는 죽을라 그러고 그러더라고.

패턴이 틀려요. 우리는 사람이 많더라도 기다려서 그걸 타야 돼. 내가 좋아하는 거를 타야 돼. 근데 얘는 사람, 기다리는 자체를 싫어하니까 딱 지네 아빠야. 그래서 재미도 없고, 내가 재미가 없으니까 돌아다니기 귀찮은 거야. 그래서 '아직은 힘들구나'라는 생각이 들더라구요. 얘 데리고 나가는 거는 애가 더 생각나니까, 이게….

면담자　　　애를 생각하시면 해야 하는데?

경미 엄마　　해야 되는데. 저희 신랑이 저한테 항상, 이렇게 일을 하고, 그래도 애를 위해서는 어디도 가줘야 되고 하는데 무조건 "나는 싫다, 싫다" 그러니까 "너무 그러지 말라"고. "얘는 니가 힘들더라도, 얘는 커가는 과정인 거고, 얘도 필요한 과정이 있는데 니가 싫다고 다 안 해버리면 얘는 경험도 없고" 기억할 만한 게 없잖아요. 어렸을 때 많이 했어도 다 잊어버리잖아요. 당시는 다 잊어버리더라구요, 좀 커야 애들이 기억을 하지. 어린 3살, 4살, 5살짜리 데리고 다녀봤자 사진밖에 없지 아무것도 기억을 못 해요. 지가 어디 갔다 왔는지도 모르더라구. 근데 그게 마음처럼 쉽지가 않아요. 어디 떠나는 게 더 상처로 오니까 '아, 이렇게 갔을 때 경미가 있으면 더 좋아하고 좋겠다' 그런 생각만 드니까. 그니까 애가 뭘 잘하면 칭찬도 해주고, 칭찬은 하는데 "어, 그래" 뒤돌아서면 다시 무표정으로 돌아오니까.

옛날 같았으면 안 그랬잖아요. "언니가 이거 잘했대" 뭐 했대 "언니가 반에서 1등 했대" 그러면 파티 열고. 근데 지금은 그게 아예 안 되어버리니까, 그렇더라구요. 그냥 사는 게 재미가 없고 모든 부모가 똑같을 거예요. 혼자이고 싶을 때가 많아지는 거예요. 나를 안 건드렸으면 좋겠다는 생각이 들어요, 아무것도 하기가 싫은 거. 밥도 하기 싫고, 내버려 뒀으면 좋겠다는 생각, 그 생각이 더 많아진 거 같아요.

13
공방 활동으로 힘든 시간을 견딤

면담자   그래도 공방에서 열심히 활동하시는 게 대단하네요.

경미 엄마   뭐라도 하고 있어야, 이게 그니까 잠을 잘 수가 없더라구요. 이게 불면증이 되게 심한데, 그래서 낮에 안 자보려고도 하고, 안 자도 마찬가지예요. 몇 날 며칠을 안 자도 결국은 밤에 못 자요. 그러다 보니까 낮에라도 자라고 하더라구요. 잘 수 있을 때, 그 멍한 상태에서 맨날 뜨개질하고, 수놓고. 그나마 그니까 시간이 간 거 같아요, 그것도 안 했으면…. 지금은 아무것도 안 하거든요, 집에 요즘 너무 힘들어서 멍하니 있어요. 올해 들어서 많이 안 나왔어요. 이빨이 사고 나서 잇몸이 다 무너져 버렸어요. 이가 다 벌어져 버려

가지고, 씹을 수 없을 정도로 다 상해버렸더라구요. 그래서 지금 이빨 [치료]하는 과정이라 잘 못 먹으니까 나오기도 싫고, 기운도 없고, 그러니까 요즘은, 오늘은 청소한다 그러니까 아침에 여기 나왔는데 자주 안 나오고, 수업이 없다 보니까, 아직 수업 없어요, 겨울엔 추워 가지고. 집에 있는데 사람이 무기력해진다고 해야 하나? 그나마 전에는 해야 하니까, 만들어야 하니까 했는데 그러니까 시간이 갔던 거 같아요, 그거라도 했으니까.

면담자   공방 활동 하시는 게 어쩌면 상처를 치료하기 위한 과정처럼 보이기도 했어요.

경미 엄마   그니까 대부분 깎는다고 해야 하나, 되게 아프거든요. 진짜 손톱이, 여기가 손이 다 해질 정도로 했으니까. 허리 아파서 병원 다녀가면서 맨날 하루 종일, 한번 앉으면 일어나질 않으니까. 근데 이것도 하나의 과정이라고 생각을 하고. 그래도 그나마 이렇게라도 할 수 있었으니까 시간이 간 거 같기도 하고. 안 그랬으면 더 아프지 않았을까 싶어요. 그니까 집에만 있으면 성격이 막 좋아 가지고 다른 사람들이랑 돌아다닐 것도 못 되고, 그냥 그나마 견딜 수 있었던 게 공방이 그나마 있어서. 처음 치료도 공방 치료로 했으니까. 나와서 얘기하고 하는 얘기도 그렇잖아요, 맨날 우리가 하는 얘기, 뜬금없이 얘들 얘기 하고 그러잖아요. 근데 그런 얘기를 들어줄 사람이 누가 있겠어요. 우리 가족밖에 없지, 맨날 하는 얘기. 친구들을 만날 수가 없는 게, 경미 또래 얘들이잖아요. 근데 얘들은 대학 가고 그런 얘기를 해야 하는데, 내가 그 자리에 들어가면 그 사람들도 눈치 볼 테고, 나 또한 그런 얘기 들으면 마음 아프고, 그니까 더 일반인들하고는, 전에 일반, 전에 친구들하고는 왕래를 못 하는 거 같아요. 그래도 열심히 살아요.

면담자   그러면 똑같이 2시에 여기서 2차 인터뷰. (경미 엄마 : 다음 주) 특별한 일은 없으시죠?

경미 엄마   지금은 특별한 일 거의 없어요.

면담자   일이 있으시면은 연락을 주세요.

경미 엄마   저희가 그래요 이게, 일이 어느 순간에 갑자기 해가지고 '기자회견 간다' 그러면은 또 가야 되니까, 그런 데는.

면담자   그러고 보니 추모공원 진행은 꿈쩍도 안 하고 있어요?

경미 엄마   꿈쩍도 안 해요. 그러게 얼른 애들 좀 데려왔으면 좋겠어요.

2회차

2018년 2월 2일

1
시작 인사말

면담자   본 구술증언은 4·16 사건에 대한 참여자들의 경험과 기억을 기록으로 남김으로써 이후 진상 규명 및 역사 기술에 기여하고자 합니다. 지금부터 전수현 씨의 증언을 시작하겠습니다. 오늘은 2018년 2월 2일이며, 장소는 안산시 단원구 4·16기억저장소입니다. 면담자는 유은주이며, 촬영자는 강재성입니다.

2
4·16 이후의 활동 간략 정리

면담자   2014년부터 할게요. 5월 8일에서 9일 KBS 본관 항의 방문 및 청와대를 향한 도보 시위가 있었어요.

경미 엄마   청운동, 거의 2년 동안 활동을 거의 다 한 거 같아요.

면담자   5월 27일에서 29일에 세월호 참사 진상 규명을 위한 국정조사를 요구하면서 국회 앞에서 2박 3일 동안 농성하셨죠?

경미 엄마   국회에서 농성도 하고, 단식도 했었어요, 거기서.

면담자   6월부터 세월호 특별법 제정을 촉구하는 천만 서명운동으로 거리 서명과 버스 투어, 그리고 7월 12일부터 119일 동안에 4·16특별법 제정 촉구 단식 농성이 국회 본청과 광화문광장에서 있었습니다.

경미 엄마   아, 그때가 저기구나, 농성하면서 단식 들어가서, 그때가.

면담자   7월 15일에 세월호 특별법 제정 촉구 350만 명 서명지를 국회에 전달했습니다. 그리고 7월 23일, 24일에 특별법 제정 촉구를 위해 안산 합동분향소에서 광화문광장까지 도보 행진을 했고 서울시청 앞 서울광장에서 세월호 참사 100일 집회를 했었고, 8월 15일에 특별법 제정 촉구를 위한 범국민대회가 광화문광장에서 있었어요. 낮에 프란치스코 교황이 방문했죠. 그리고 8월 22일부터 서울 종로구 청운동 주민센터에서 장장 76일간의 농성을 진행했습니다. 여기도 가셨지요? (경미 엄마: 네네) 2015년에는 1월 26일에서 2월 14일까지 온전한 세월호 인양과 실종자 수습 및 진상 규명 촉구를 위한 안산에서 팽목항까지의 도보 행진이 19박 20일로 있었고, 4월 4일 2차 삭발식 이후에 그 1박 2일 동안 아이들 영정 사진을 들고 광화문까지 행진하셨고, 다음은 4월 6일 세종시 해수부 항의 방문 이렇게 있었네요.

경미 엄마   네, 그니까 거의 2년 동안 쫓아다녔던 거 같아요.

면담자   4월 16일에 1주기를 맞아 시행령 폐기를 요구하며 광화문 연좌 농성을 하셨어요. 18일 날 시행령 폐기 집회에서 시민들이 연행되고 이랬었죠?

경미 엄마   거의 집회에는 거의 다 나갔기 때문에….

면담자   5월 1일 안국동에서 시행령 폐기를 위한 1박 2일 철야 농성을 했고, (경미 엄마 : 안국동이요?) 네, 9월부턴 동거차도에 감시단 활동이 있었습니다.

경미 엄마   그건 저희 신랑이 했고, 왜냐하면 저는 애가 있으니까.

면담자   그렇죠. 그다음에 10월부터는 단원고 교실 존치를 위한 교육청 피케팅. 그다음에 11월 14일 민중총궐기 대회, 백남기 어르신이 이때 물대포를 맞으셨어요. (경미 엄마 : 모든 집회는 다 간 거 같아요) 2016년 1월 10일 겨울방학식 하면서 기억과 약속의 길을 걷는 건 하셨나요?

경미 엄마   방학식은, 그땐 안 했어요.

면담자   그다음에 2016년 4월 16일에 안산시 화랑유원지에서 참사 2주기 기억식을 했고 광화문광장에서 범국민 촛불문화제를 했었어요. (경미 엄마 : 거의, 거의 다 참석했구요) 그리고 5월 9일 날 희생학생들이 제적처리 되었다는 거 알게 되어서 (경미 엄마 : 아, 학교?) 네, 15일까지 시위를 했었죠. 그다음에 고 김관홍 잠수사 사망과 관련해서도 가족들이 같이 (경미 엄마: 네, 같이 장례식장 가고 다) 맞아요. 그다음에 8월 6일부터 12일까지 [4·16]기억교실 기록물 정리 작업 같이하셨나요?

경미 엄마   기억교실… 그건 안 했어요. 그건 [4·16기억]저장소 임원들이 했던 거 같아요.

면담자   다음에 2014년부터 전국 간담회 진행했잖아요. (경미 엄마 : 간담회는 안 했어요) 안 하셨고. 『금요일엔 돌아오렴』[안산 선부동, 중앙동, 그다음에 상록수역 (경미 엄마 : 피케팅) 하셨고, 9반은 어디서 하셨어요? (경미 엄마 : 저희 상록수역) 상록수역에서 하셨구나. 2014년부터 광주법원 재판 (경미 엄마 : 재판 왔다 갔다) 참여하셨고, 특조위 청문회도 참가하셨어요? (경미 엄마 : 예) 해외 지역 방문 하셨을 때, 대통령 하야 및 탄핵을 위한 촛불집회. (경미 엄마 : 거긴 다 참여했구요) 참여하셨고, 3주기 행사 활동 이런 것도 같이하셨고.

경미 엄마　　그니까 거의 2, 3년은 웬만한 집회나 그런 거는 거의 다 나갔기 때문에, 공방 활동 하다 보면은 나갈 수밖에 없어요. 왜냐면 공방이라는 게 앉아서 맨날 수다 떨고 그런 공간이 아니라, 그러면서 같이 활동하자는 그런 모임이기 때문에….

3
특별법 제정 운동

면담자　　2014년부터 할게요. 5월 8일에서 9일 KBS 본관 항의 방문 및 청와대를 향한 도보 시위가 있었어요.

경미 엄마　　그니까 초창기에는 저희 신랑이 분향소 총무를 맡고 있었어요. 처음 애들 올라올 때니까 그러면서 모든 활동이, 이런 게 있고 그런 거에 대해서 오롯이 그때는 분향소 그게 위주였었어요, 모든 일 자체가. 다 같이하는 거니까.

면담자　　이전에 살아오시면서 거리에서 시위를 하거나 이런 경험은 있으셨나요?

경미 엄마   그냥 평범한 시민이었던 거 같아요. 그냥 애 키우고, 거의… 저번에 말씀드린 것처럼 집에서 애만 키운 엄마? 그랬던 거 같아요. 사회문제에 대해서는 관심이 별로 없었었어요. 그니까 정치라는 게 그때도 마찬가지, '그놈이 그놈이고' 그렇게만 생각했지 굳이 생각하고 맞서고 그런 생각은 안 해봤어요.

면담자   KBS 항의 방문은 여태까지 살아온 삶을 돌이켜 보았을 때 너무나 다른 경험이었을 거 같아요. 그렇죠?

경미 엄마   그렇죠. 그 당시에는 KBS 오보 나오고, 막말하고 그런 식이었던 거 같아요. 제가 생각하기에, 김시곤 그때 그 당시에. 그러면서 저희는 울분이 쌓였죠. 가만히 있을 수가 없는 거잖아요, 그래서 더 시작했고, 그렇게 활동을 했던 거 같아요. 너무 화가 나니까, 어떻게 표현을 할 수가 없으니까.

면담자   그때 인상적으로 기억에 남는 게 있으신가요?

경미 엄마   그 당시에요? 그니까 저희가 올라갔잖아요. 올라가서 애 영정 들고 KBS에 갔는데, 나는 우리나라에 전경이 그렇게 많은지 처음 알았어요. KBS를 겹겹이 쌌는데, 진짜 쫙 둘러쌌어요. 이중으로 너무 쫙 돌아 쌌더라구요. 그니까 저희 신랑이 같이 갔었는데, 저는 한 앞에서 두세 번째 있었고, 그 당시에 막 막았기 때문에 차 위로 올라가고 했잖아요. 그 들어가야 하니까 올라가 봤는데 내려갈 수가 없더래요, 아래가 꽉 차 있어서. 그니까 완전 너무 많은 전경들이 있었던 거예요. 난생처음 보는 장면이잖아요, 그거는. 전경이 많다는 거는 알지만, 우리가 팽목에서 겪었지만은 이거는 무슨 철옹성

59
·
2회차

도 아니고 KBS가. 진짜 그 버스를 딱딱딱, 그 꽁무니 맞춰가지고 사람 하나도 못 들어갈 수 있게. 너무 진짜 화가 치미는 거예요, 이 자체를. 우리가 뭐 한다고, 우리는 가서 두드려대지도 않아. 앉아서 시위할 뿐이라구요. 저희가 폭도도 아니고. 근데 폭도를 만들어가는 과정인 거 같아요, 그게. 그런 거 유도하고, 유도하는 사람이 있고.

근데 저희는 그게 목적이 아니기 때문에 "항상 조용하자. 차분하자. 폭력은 안 된다" 안에서 그런 입장이었기 때문에. 근데 항상 이 시위를 하면서 이상한 사람들 많이 껴 있다는 걸 느꼈어요.

면담자　　　시위 현장에서요? (경미 엄마 : 네, 현장에서) 어떤 면에서요?

경미 엄마　　그니까, 유가족이 아닌데 와서 어떻게든 이걸 뭐랄까요, 폭력을 쓰게끔 들쑤시는 사람들이 있어요. "저거 깨야 된다, 뭐 해야 된다" 유도하고 그런 느낌이 좀 많더라구요.

면담자　　　5월 27일에서 29일에 세월호 참사 진상 규명을 위한 국정조사를 요구하면서 국회 앞에서 2박 3일 동안 농성을 하셨는데 거기에 대해 기억나시는 거 말씀해 주세요.

경미 엄마　　2014년도는 거의, 저희 청운동도 마찬가지이고 국회도 마찬가지이고, 그니까 돌아가면서 당번들 자는 사람들 있고, 아니면 못 자면 출퇴근했었어요. 그 당시에는. 아침에 9시에 출발을 해서 하루 종일 있다가 집에 오면 12시예요. 그게 2014년에 제 거의 패턴이었던 거 같아요. 그니까 가서 지킬 수밖에 없는 상황.

면담자   아이가 있으니까 출퇴근하신 거군요.

경미 엄마   그니까 있을 때, 그니까 진짜 급박하게 돌아갈 때는 있어야 되고 왔다 갔다 하는데 그 당시만 해도 우리 딸내미가 초등학교 □학년이니까 아직 그 손이 필요하기는 한데, 1년을 거의 못 봤어요, 애를. 거의 "학교 잘 갔냐? 갔다 왔냐?" 이 정도? 학원으로 돌리고 거의 바깥 생활만.

면담자   ○○를 마음 놓고 맡길 수 있는 사람들은 없었어요?

경미 엄마   그니까 처음 사고 났을 때는 큰아가씨가 있긴 했었는데, 매일, 일을 해야 되시니까 할 순 없고 저희 신랑이 당시에 일을 쉬고 있었기 때문에 서로 번갈아 가면서….

면담자   2014년에 남편도 (경미 엄마 : 네, 일을 안 했죠) 일을 접은 상황에서 같이 움직이셨던 거네요. (경미 엄마 : 네) 6월부터 세월호 특별법 제정을 촉구하는 천만 서명운동으로 거리 서명과 버스 투어를 했는데 어디로 가셨나요?

경미 엄마   저희 충북, 충남 온양. 온양 지역 갔던 거 같아요, 온양으로 해서 현대자동차, 기아자동차 돌아서 왔어요.

면담자   주로 공장지대 다니신 거네요.

경미 엄마   온양은 시장, 온양역 앞에 하고 재래시장 쪽 돌고, 그때가 꽤 오래 했기 때문에 많이 돌아다녔던 거 같아요.

면담자   그때 그 현장에서 겪었던 일들 중에서 기억에 남는 일, 특별한 경험이 있으면 말씀해 주세요.

경미 엄마   그때만 해도 사람들이…. 시골로 갔잖아요, 그니까 이런 길에서는 호응을 얻기가 참 힘들었어요. 기아자동차나 현대자동차 가면은 거기에는 노조도 있잖아요, 있으니까 그분들의 도움을 받아서 서명받고, 그 식사하는 자리. 현대 가서는 식당 앞에서, 점심식사 하실 때 앞에서 서가지고 서명받고, 그분들의 도움도 받고, 그리고 기아 같은 경우는 퇴근 시간에 나오실 때 거기서 받고. 근데 퇴근 시간은 힘들더라구요. 왜냐면 빨리 버스 타고 가서야 되니까 후다다다닥 나가시더라구요. (면담자 : 허무했겠네요) 그렇죠. 그니까 거리 같은 경우는, 거기서 받기도 하고 직접 들고 시장에도 들어갔었어요. 근데 시장 안에서는 그닥 관심들이 별로 없으셨어요. 그니까 특히 어른들, 나이 많으신 어른들이 굉장히 뭐랄까, 안 좋은 말도 많이 하시고. (한숨 내쉬며) 다들 "세월호 때문에 장사가 안 되고, 뭐가 안 되고" 그런 얘기부터 시작해서, 이런저런 많은 얘기들이 있었죠. 근데 그걸 어떻게 설명을 해야 될까요? 듣기 싫은 말도 많았고.

면담자   그때는 반별로 움직였었어요? (경미 엄마 : 네, 반별로) 9반이 충청도를 맡았던 거였어요?

경미 엄마   네, 반별로. 그니까 특별법을 처음 서명을 받은 게 아마 5월 달 정도 됐을 거예요. 한 5월, '엄마의 노란손수건'하고. 왜 기억이 나냐면 저희 신랑이 총무를 맡고 있기 때문에. 그걸 조인했기 때문에, 그걸 시작한 사람이기 때문에 그때는, 처음에는 분향소에서, 분향소 그 나오는 문 옆에서 같이 서명받고, 돌아가면서 분향소 대기실에 앉아서, 돌아가면서 그때 서명받고, 그게 점점점점점 커지면서, 더 활성화되면서 돌아다니면서 받게 된 거죠.

면담자　　　그때 용기를 얻는 일이 많았나요, 아니면 회의감이 더 많았나요?

경미 엄마　　　실제 가서 회의라기보다는요, 그 당시만 해도 이거를 놓을 수가 없었잖아요. 그냥 저 사람들 모르니까 저럴 수 있고, 나도 옛날에 저렇게 살았었잖아요. 나도 나한테 이런 일이 생길지는 몰랐으니까. 근데 '모든 사람들이 알았으면 좋겠다'는 생각을 했었어요. 이 일이 이 일로 끝나는 게 아니라 그 당시에는, 워낙 잘못된 게 많은데 이거를 은폐하려는 그때가 가장 심했잖아요. 무조건 아니다, 근데 아무리 봐도 이거는 아닌 건데, 여기서도 정부에서는 계속 탄압이 오니까, 그래서 포기하고 그런 거는 느낄 새는 없었던 거 같아요. 해야 된다는 생각밖에 없었던 거 같아요, 그 당시에는. (면담자 : 사람들의 반응을 보면서 어떠셨어요?) 서운하기는 한데…. 그니까 서운은 해요, '니들은, 니들도 나 같은 일 당할 수 있어. 근데 왜 그런 마음 가지고 사냐' 그런 마음, 서운한 마음을 가지고 있는데, 한편으로는 생각해 보면 '나 또한 저렇게 살았다'는 생각이 들어요. '그 사람들만 뭐라고 할 게 아니라 더 시간이 지나고 저 사람들도 깨우쳤으면 좋겠다'는 생각에서 계속하는 거죠.

면담자　　　당사자 가족들끼리만 있으면 겪지 않아도 될 일을 일반 시민들을 만나면서 겪으신 거네요.

경미 엄마　　　그렇죠, 그니까 와서 서명받고 있으면 약간의 성향이 그러신 분들은 와서 욕하고, 서명지에다가 엑스 표 해대고, 그런 게 많아요. 그 당시에도 막말이 많았지만, 막말하고 진짜 두드려 패려는 사람도 있고, 그니까 사람 마음을 콕콕콕콕 저기 하는 사람들이. 그니까 서명을 받다 보면은 어딜 가나 똑같아요. 그랬던 거 같아요, 다른 지역도 마찬가지이고.

면담자   한번 이야기해 볼 기회가 있잖아요. 대부분 비슷하던가요?

경미 엄마   거의, 젊은 사람들은 그나마 조금 호응이 괜찮은데, 나이가 있으신 분들은 어김없이 와서 욕하고, "정부가 다 해줬는데 너네들 외부에서 왜 이러냐?"고 그러는 사람도 있고, 진짜 막말하고 가시는 분들도 계시고. 그게 여러 다반사이기 때문에 그거에 저기 하면은 못 하잖아요, 일상이었던 거 같아요.

4
국회, 청운동에서의 농성

면담자   서명지를 받아서 국회 청원을 하게 되잖아요, 그 과정 안에서 기억나는 일들이 있으신가요?

경미 엄마   그때가 헷갈리는 게, 여름이었잖아요. 저희가 광화문에서 이거 들고 갈 때죠? 들고 삼보일배 하면서 지나, 저기[전달] 할 때. 저는 이쪽에 들고 서 있었는데 그 당시에는 저희 어딜 가나 막았어요. 하나의 의지를 보여주기 위해서 삼보일배를 하고 앞으로 갔는데, 화가 나는 거는 '우리가 왜 저 청와대에 절을 하고 가야 하나' 화가 나는 거예요. (면담자 : 삼보일배를 하니까?) 그니까 그거를 해야 하는데, 하면서도 '왜 절을 해야 될까' 그런 생각도 하긴 했는데 가자마자 막혔으니까, 막혀가지고 진짜 몸싸움이 났었잖아요, 그 당시만 해도 끄집어 당기고…. 허망했어요, 이게 갖다만 전달하겠다는데. 사실 그 당시에는 청와대를 갈 수 있는 방법도 없었고, 다 막아놨기 때문에. 온 전국에 있는 전경들이 거의 다 막았던 거 같아. 그래서 그때는 가보지도 못했죠, 중간에서….

면담자　　　8월 15일에 특별법 제정 촉구를 위한 범국민대회가 광화문광장에서 있었어요. 낮에 프란치스코 교황이 방문했죠. 그때 기억나는 거 있으세요?

경미 엄마　　　그때요? 그때는 내가 병원에 있었나? 언제지? 그때가 8월, (면담자 : 15일) 18, 16 그때 어디 있었지? 병원에. 아, 여름에 제가 7월, 그해에 7월 말부터 8월 초까지 단식을 했었어요, 국회에서 일주일 동안. 단식하고, 그때 한도병원에 보식하고 있었을 때였을 거예요, 아마.

면담자　　　국회 단식도 특별법 제정과 관련된 거였죠?

경미 엄마　　　네, 관련된 거. 그니까 그 당시에 돌아가면서 해야 되는데, 왜냐면 그때 우리 반 예지 아빠처럼 쭉 할 수는 없고, 왜냐면 할 수 있는 사람이, 돌아가면서 할 사람이 사실은 별로 없었어요, 그 당시에. (면담자 : 김영오 씨예요?) 아니, 김영오 씨는 유민 아빠고, 유민 아빠처럼 사십 며칠 그게 아니라, 저희 반 처음 시작할 때, 광화문 처음 시작할 때 예지 아빠하고, 김영오 씨 유민 아빠하고, 창현이 아빠하고, 수하 아빠인가? 아니, 진우 아빠 그렇게인가? 유경근 씨하고. 유경근 씨는 국회에서 했었고, 국회에서 유경근 씨하고 그다음에 빛나라 아빠하고 여럿이 했어요. 하고 있었는데, 쓰러져 가지고 그러는 과정에서 돌아가면서 하자. 그 당시에 사실 그게 쉽지가 않더라구요. 하는 사람이 많지가 않아서, 그때 보미 엄마랑, 보미 엄마랑 나이가 같거든요, 저희 반. "그러면 둘이 하자" 어쨌든 그니까 "내가 할 수 있는, 누구든 할 수 있는 사람이 하자. 그러면 둘이 하자" (면담자 : 9반에서는 두 분이 하신 거였어요?) 네네, 일주일 동안 거기서 맨날 국회 앞에서 지키는 거죠.

사실 단식도 단식이지만, 그 당시에는 처음에는 사람도 많이 자고 그랬었는데 그 환경이 좋지 않았어요, 되게. 맨날 비둘기 똥 싸고 설사하고, 그래서 당시만 해도 집에[서] 일을 해야 하는 사람들이 있었고, 왔다 갔다 하는 사람들이 있었고, 그런 의미에서 일주일 동안 우리, 그 일주일을 하려고 한 게 아니라 시작을 했는데 괜찮더라구요. 근데 일주일쯤 되니까 갑자기 훅 가라앉더라구요, 몸이. 그래서 그날 내려왔죠, 한도병원으로.

면담자　회복하시는 데에도 시간이 걸리잖아요.

경미 엄마　그죠, 그런 회복 기간이었던 거 같아요. 그 당시에. (면담자 : 그때가?) 네네, 그니까 말로만 들었던 거 같아요. 못 한 거 같아요.

면담자　8월 22일부터 서울 종로구 청운동 주민센터에서 장장 76일간의 농성을 진행했습니다. 그때도 시간이 길었죠? (경미 엄마 :

경미 엄마 전수현

그렇죠) 그때 이야기를 해주세요.

경미 엄마　　그때는 저기 갔다가, KBS 갔다가 들어서 거기로 간 거잖아요. 가서 그날 그 앞에서 하루를 지냈죠, 애들 영정 들고. 청운동 앞에 저기 있고, 첫날 당시에 비박[비바크]했잖아요, 길에서. 비박은 못 했어요, 내려오고 다음 날 올라가서 텐트 치고 그니까 왔다 갔다 하면서 왔다 갔다 했죠, 청운동은. 거의 매일매일 와서 거기서 리본, 그 당시에 리본이 속 넣어서 만드는 리본, 그 당시에 그게 만드는 거였거든요. 그거 만들고.

면담자　　뭐로 만드는 거예요?

경미 엄마　　그니까 노란 천에 리본을 꼬[꿰]매서, 꼬매서 이렇게 브로치를 만들었었어요. 노란 통통한 솜 넣은 리본. 그래 가지고 그것도 해가면서 맨날 대치 상황이었죠. 이 사람들은 어떻게든 이걸 끌어내야 하고, 지켜야 되는 상황이었고. 그니까 처음에는 진짜 저기 있다가 지나니까 천막도 들어오고, 천막 들어왔을 때 비가 대따 많이 왔었어요. 그래 가지고 천막 위에 비닐도 치면서 다 같이 저기도 하고. 그 당시에는 사실 청운동 주민들이 참 고마웠어요. 왜냐면 지금 우리 항상 집회할 때 커피공방에서 커피 날아주고 하잖아요. 그분뿐만 아니라 지나가시면서 한 분씩 와서, 참 불편하잖아요, 막 전경들 다 있고 불편한데도 싫은 소리 안 하시고, 물이라도 가져다주시고. "여기 뭐 없냐?"고 그러시는 분들도 계셨고, 괜찮았어요. 진짜 주민들이 참 고마웠어요, 그 당시에는 진짜 불편하셨을 거예요. 맨날 전경들은 차 다 막아[고] 있지, 골목골목 다 있었으니까.

저희가 청운동이 있고 광화문이 있잖아요. 청운동에서 광화문을 가려면 경찰들이 따라와요, 사복경찰들이. 근데 사복경찰들이 참 웃긴 게 옷들이 다 똑같아, 체크무늬 남방. 누가 봐도 사복경찰이야. 쫓아와요, 가방에 리본 달아도 안 돼요, 그러면 걸리고. 그 상황이 웃겼었어요.

면담자　　　가방에 노란 리본 있으면?

경미 엄마　　올라올 때 잡고 그랬대요, 그 시민들 오잖아요.

면담자　　　일반 시민들? 가족에게는 감히 못 그러고?

경미 엄마　　네, 그니까 가족들도 마찬가지이지만 가족들은 막 해대죠. 어떤 일이 있었냐면, 그때 매일 출근하다 보니까 애를 못 봤잖아요. 그니까 주말에 우리 애도 알아야 되니까, 엄마가 어떻게 있다는 걸 알아야 되니까 데리고 왔어요. 그래서 애가 왔으니까, 우리는 청운동 아예 못 들어갔잖아요. 청운동에서 청와대 바로 앞에 있는데 여기를 못 들어갔었어요. 우리는 들어갈 수가 없대요. 근데 이렇게 가보면, 뒤로 가보면 외국, 중국 사람들 엄청 들어가잖아요, 화가 나는 거야. 그래서 ○○가 왔길래 ○○를 데리고 "우리 구경하러 가자"고 근데 잡는 거예요, 들어가려는데, 애를 데리고 들어가려는데 잡는 거예요. 그래서 "애 청와대 구경 간다"고, "잡지 말라"고 싸워서 들어갔어요. 싸워서 들어갔는데 졸졸졸졸 따라와, 끝까지 따라와요. 그 안에서 어떻게 행동하나, 그게 너무 웃긴 거예요. 다른 외국인들은 너무 잘 들어가고 있는데, 우린 자국민이잖아요. 애 데리고 그것 좀 보러 간다는데. 그래서 그때는 우리가 어딜 가도 항상 뒤에, 뒤꼭

지가 따가울 정도로 그렇게 있었던 거 같아요.

면담자   청운동 농성을 하는 기간 동안 어떻게 하루를 보내셨
나요?

경미 엄마   기간 동안은 기다리는 시간이죠, 기다리는 시간인데.
청운동 같은 경우는 있다가, 리본 만들다가. 낮에는 할 일이 없잖아
요, 오후 돼야 간담회 하고 시민들 와서 서로 얘기하고, 김제동도 오
고, 얘기하고 그런 프로그램이 짜여져 있었어요. 낮에는 할 일이 없
으니까, 그렇다고 가만히 있을 순 없잖아요. 운동을 하죠, 뚫고 들어
가요, 그냥. 그니까 여럿이 가면 안 돼요, 한 두세 명씩만 같이 그 정
도는 돌았던 거 같아요. (면담자 : 청와대도 가보고?) 아니, 거기까지는
못 가요. (면담자 : 청와대는 ○○가 있을 때 한 번 가고) 그때 한 번 가
고, 골목골목 다 있기 때문에, 거긴 들어갈 수가 없으니까 큰길로 해
서 자하문터널인가요, 터널 앞까지 갔다가 오고, 아니면은 통인시장
안쪽으로 해서 서촌으로 해서 이렇게 한 바퀴 삥 돌아 내려오고. 그
니까 동네만 운동 삼아 삥삥 돌았던 거 같아요, 왜냐면 옷이 다 이러
니까. 피켓 같은 거 하나 들고 삥 돌아오는 거예요. 그것도 하나의
몸 자보처럼.

'우리 이렇게 하고 있습니다'라는 표현 자체로 삥삥 돌았던 거 같
아요. 모르는 동네를 완전히 골목골목 다니니까 이렇게 다녔던 거
같아요. 그니까 이쪽 청운동 동사무소[주민센터]가 있으면 이쪽은 못
가고 이쪽으로. 이쪽은 반대편이니까 거기는 뭐라고 안 하더라구요.
그쪽으로 많이 돌았던 거 같아요.

면담자   어떻게 보면 하루가 너무 길잖아요. (경미 엄마 : 그렇죠) 화장실이나 자는 건 어떻게 하셨나요?

경미 엄마   네, 너무 힘들었었어요, 화장실 자체가. 화장실은 청운동 동사무소에서 열어줬기 때문에 거기 아니면 그 앞에 푸르메재단이 있으니까 거기로 가고.

5
둘째 아이를 보살피며

면담자   2015년에는 1월 26일에서 2월 14일까지 온전한 세월호 인양과 실종자 수습 및 진상 규명 촉구를 위한 안산에서 팽목항까지의 도보 행진이 19박 20일로 있었는데 이건 어떠셨나요?

경미 엄마   그건 저희 신랑이 했어요. 저는 1년 동안 거의 애를 내팽개치다시피 했잖아요. 그니까 애가 한창 클 때인데 ○○가 되게 작아요. 근데 내가 안 본 사이에 10센티미터가 컸더라구요, 1년 동안. 더 키워야 되는데, 그래서 그 당시에 애 키 때문에 병원 다니고 한다고 주로 활동은 공방 나와서 하고, 대외 활동은 저희 신랑이, 그때는 신랑이 갔었죠, 도보를. 집을 비우는 거는, 매일매일 주사를 놔야 하기 때문에 집을 비울 수가 없었어요, 그 당시에는. 그래서 저희 신랑이 갔었고.

면담자   일종의 성장클리닉인가요?

경미 엄마　　　네, 클리닉 가서 "애가 성장판이 거의 많이 닫혔다"고 하더라구요. 내가 모르는 사이에 애가 다 커버린 거야, 그냥. 오죽하면 초등학교 □학년 때 생리를 시작했어요. 그니까 안쓰러운 거예요. 내가 집에 있었으면 애가 한창 클 때 잘 먹일 텐데. 맨날 그 당시에는 진짜 잘 안 해 먹이고, 밥도 사 먹이고 그랬으니까 미안하더라구요, 애한테. 혼자 크는 것도 아닌데, 애만 혼자 지가 할 수 있는 나이가 아니잖아요. 그 나이 되면 한창 손이 많이 필요한 나이인데, 너무 1년을 거의 애를 방치하다시피 했으니까.

6
'분노'로 이뤄냈던 많은 일들

면담자　　　4월 4일 2차 삭발식 이후에 그 1박 2일 동안 아이들 영정 사진 들고 광화문까지 행진하셨는데, 삭발하셨나요?

경미 엄마　　　음, 저는 삭발식은 안 하고 그 뒤에 서 있었죠. (면담자 : 광화문까지 도보 행진은 참석을 하셨구요?) 당시에 도보 행진할 때는 수의 입고, (면담자 : 이때 그랬었나요?) 네, 그때 수의 입고, 삭발하신 분들은 앞에 서고, 저희는 뒤에 서고. 나오면서 진짜 그때 시민들 많이 참여해 주셨었어요. 그때 출발해서 부곡동에서 광명 가서 하룻밤 자고 그러고 들어갔으니까.

면담자　　　어떤 심정이셨어요?

경미 엄마　　　그니까 지금 그렇게 하라고 하면은 못 할 거 같아요.

근데 그 당시에는 이게 울분이 있잖아요. 그니까 발 물집 생겨가면 서 광명까지 가서 거기서 1박 하고 그러고 올라간 거죠, 저기까지, 광화문까지. 분노가 극에 달한 거죠. 사실 되는 일이 하나도 없었으 니까, 그 당시만 해도. 뭐 해도 어딜 가나 막히는 시기였잖아요, 그 당시에는. 항상, 2014년도 마찬가지인 거 같아요. 이렇게 투쟁을 하 고 하는데도 항상 막혔어요. 우리를 억압하고 막고, 이게 일상이었 던 거 같아요. 몸싸움하고, 우리는 가야겠는데 앞에서 막아버리니 까. (면담자 : 분노로 버티신 거군요) 버틴 거죠. 그 당시만 해도 해야 하니까, 사실 이게 시작했는데 끝도 안 보고, '아휴, 안 될 거야'라고 포기하기에는 포기할 일이 아니잖아요, 이 자체가. 그래서 더 열심 히 했던 거 같고. 모든 부모도 다 마찬가지, 그 당시만 해도 다 많이 참여했으니까. 지금은 좀 떨어졌지만 당시만 해도 많이 참여를 했 었죠.

면담자   영정 사진을 들고 나오신 게 여러 번이었죠?

경미 엄마   그렇죠. 그때는 비까지 왔어요. 광화문, 광명 들어갈 때 날씨도 안 좋아 가지고 아이고, 진짜 어떻게 그걸 했을까요? 지금 생각해도, 지금 걸으라 해도 못 걸을 거 같아요. 그니까 광화문까지 가 걷는 게 두 번 있었잖아요. 그 전에 저 단식할 때, 100일 때 걸었 을 거예요. 100일 때, 그니까 100일 때가 제가 단식할 때였거든요, 국회에서. 안산에서 올라와서 국회로 오고 국회에서 같이 모여서 다 시 재정비해서, 그때는 저희 신랑이 거기까지 걸어오고, 나는 국회 에 있으니까 국회에서 저희가 앞에 서고, 단식하던 사람들이 앞에

서고 국회에서부터 시청까지 걸었죠. 그때 100일 문화제 했으니까, 시청까지. 그때 마포대교 넘어가면서 그 당시에, 2014년에.

면담자　　　아버님도 어머님 단식하는 거 보면서 마음이 안 좋으셨을 것 같아요.

경미 엄마　　　근데 해야 하니까, 내 일이니까 하는 거지 누가 하라서 하는 것도 아니고. 내가 할 수 있는 거, 그 당시에 어디 나와서 말을 하거나 이건 어렵지만 몸으로 하는 건 할 수 있다는 생각을 했어요. 내 몸으로 할 수 있는 거, 그래서 시작한 거니까. 그니까 그 당시에, 근데 단식을 친구가 또 옆에 있었으니까, 둘이 의지해 가면서 앉아서. 그 당시에도 처음에 뜨개질했지만, 수세미 떠가면서 시간을 보내야 하니까. 시간이 안 가더라구요, 아무것도 안 하고 있으려니까. 먹지도 않지, 아무것도 안 하니까, 거의 물하고 소금만 먹고 사니까 장난삼아 친구랑 "야, 우리 계란 한 판 먹자" 구운 소금 때문에 계란 맛이 나더라구요. (면담자 : 아, 그 소금이?) 네네, 그래서 아침에 계란 한 판, 그러면서 농담 삼아서 그러고 둘이 일주일을 견딘 거 같아요, 그 당시에.

면담자　　　친구나 같이 싸우는 사람이 있으니까 버티신 거네요.

경미 엄마　　　같이 있고, 그니까 그렇게 일주일을 안 먹고도 견딜 수가 있겠더라구요, 그러면서도 도보, 국회에서 광화문까지 걸어갔으니까. 근데 그때는 해야만 했어요. 진짜 할 게 그거밖에 없었어요, 내가 할 수 있는 게. 그런다고 어디 가서 울고불고할 일도 아니고 누가 들어주는 것도 아니고, 내가 할 수 있는 일을 찾아 한 게 그거밖에 없었던 거 같아요.

면담자　　　단식 이후 회복하는 과정은 비교적 순조로웠어요?

경미 엄마　　순조로웠어요. 워낙 위가 튼튼해서 잘 돌아오더라구요. 그리고 나서 단식을 할 때 친구랑 안 먹으니까, 그 후생관에, 후생관에 명태코다리냉면, 명태회, 회냉면인가 있어요. 매운 게 너무 먹고 싶은 거예요. 그래서 둘이서 "우리 보식 끝나면 저거 꼭 먹자" (웃으며) 진짜 보식 끝나, 그니까 보식도 거의 안 끝났을 때예요. 먹고 싶은 거야, 둘이 가서, 그니까 저는 보식하고 다시 국회에 가잖아요. 진짜 먹었어요, 둘이서 얼마나 맛있던지. 네, 그리고 참 우리도 웃긴다(웃음).

면담자　　　단식 때 봐뒀던, 그렇죠?

경미 엄마　　맵고 짜고 달고, 이게 안 먹으니까 너무 땡기는 거예요, 진짜. 그래서 "참 우리도 웃긴다" 그러면서.

면담자　　　경미 어머니는 유쾌하게 단식을 견디셨네요.

경미 엄마　　유쾌하게, 그렇죠.

7
나만의 싸움 방식, 수세미 뜨기와 소원 팔찌 만들기

경미 엄마　　맨날 울 수도 없고, 뭐든지 이렇게 해야 하는 그런 거였기 때문에 뭘 할 수 있을까 생각해서 그때는 수세미를 그냥 앉아서 떴어요, 시간 보내기 위해서. 그니까 뭘 하는 걸 좋아했던 거 같아요. 그래서 그 당시에는 그렇게 해서 시간을 보내고 저희가 그러고 나서 언제부터 진도를 미수습자, 그 진도체육관에 있었잖아요. 거기에 그 사람들밖에 없기 때문에 반이 돌아가면서 내려간 적이 있었어요. 내려갔는데, 해줄 게 없는 거예요, 사실. 해줄 게 진짜 없더라구요. 우선 그분들도 우리가 낯설고, 우리가 가서…. 그 상황이 그랬던 거 같아요. 그래서 그 당시에, 그니까 생각은 잘해요, 뭐 만들고 생각은 잘해서, 인터넷으로 찾아보다가 소원 팔찌가 있길래 집에서 실을 사다가 연습을 했어요. 그렇게 해서 가서 우리 반 엄마들도 알려주고 가서 애들 돌아올 거라고 만들어서 팔에 채워드리기도 하고 그 당시에 그랬던 거 같아요. 그러면서 어디 가서 말하고 그게 아니라 해줄 수 있는 걸 찾아갔던 거 같아요.

면담자　경미 어머니만의 싸움의 방식을 찾은 거네요.

경미 엄마　그런 거 같아요, 내가 할 수 있는, 어떻게든. 사실 이 싸움이 빨리 끝나는 싸움이 아니기 때문에 지치지 않기 위해서는 가만히 있으면 안 되니까. 그런다고 해서 어디 나가서 진짜 말을 유창하게 잘해서 그런 것도 못하고, 그니까 어떻게 하다 보니까 내가 재주가 있더라구요, 손으로 할 수 있는 재주가 있더라구요.

면담자　그 이전에는 모르셨나요?

경미 엄마　만드는 거는 잘했었어요, 그니까 문화센터 가서 폼아트도 배워보고 만드는 거 원래 좋아해요, 좋아하는데, 이렇게 많이는 안 만들죠. 근데 하다 보니까 그렇게 됐어요.

철옹성 같던 차 벽에 대항하며 투쟁

면담자　　　계속 그래도 해오신 거죠? (경미 엄마 : 그렇죠) 국회 투쟁의 결과 '특별법[4·16 세월호 참사 진상규명 및 안전사회 건설 등을 위한 특별법]' 제정이 되었습니다. (경미 엄마 : 네) 하지만 시행령 때문에 막히고, 4월 16일에 1주기에 쓰레기 시행령 폐기를 요구하며 광화문 연좌 농성도 했었죠.

경미 엄마　　　그 당시에요? 그때가 2015년이죠? 그 당시에는 처음에 광화문 연좌 농성 할 때는 저희가 광화문 현판 아래에서 2014년도 마찬가지이고 2015년도 마찬가지이고 어딜 가나 막히는 상황이긴 했었어요. 그런데 저희가 광화문 현판 아래에서 막혔던 적이 있었어요, 그 당시에. 그래서 동그랗게 이렇게 손 스크럼 만들고 앉아가지고 진짜 그날 그 자리에서 잤어요. 그 상태에서 그러고 잤는데 사실 그 자리 자체가 화장실이 없잖아요, 근데 못 가게 하는 거야. 못 나가게 하는 거야, 그 안에를. 건너가면은 있어요, 있긴 있는데 현판 아래니까 그니까 엄마들이 화장실 가고 싶다 그러면 못 가게 하는 거야. 저희 요 사각으로 치고 쌌잖아요. (면담자 : 아, 그랬어요?) 네, 그 당시에 그런 일이 있었어요. 못 가게, 아예 안에를 나갈 수 없고 들어올 수도 없고. 못 들어와요, 막기 때문에.

면담자　　　엄마들만 그런 게 아니라 아버지들도 그렇잖아요. (경미 엄마 : 그 당시에 엄마들이 좀 많았죠) 뭐를 쳤나요?

경미 엄마   이불이요, 그때는 이불이 들어왔었어요. 항상 우리 어디 가면은 적십자 이불 있잖아요, 그게 들어와요. 그냥 그거 치고 그러면서 몇 번 하면서 화장실만 왔다 갔다 할 수 있게 됐어요, 그 당시에 아예 못 나가게 했었어요, 그 안에서 가둬놓고. 그런 일이 있고, 그니까 어딜 가나 항상 막는 거, 못 가게. 그러고 나서 그때 5월 달에 안국역에서, 그때도 1박 2일 있었잖아요. 나는 캡사이신 뿌리는 건 봤어도, 이 살수차에 섞은 건 처음 봤어요. 저는 어렸을 때 데모가 있었잖아요. 저희, 제가 중학교 때 기억이 뭐냐면 데모란 거는, 그 당시에 내가 항상 1987년, 87년. 그니까 한창 데모가 심했을 때예요. "빵" 소리 나면 최루탄 터진 거예요, 쏜 거예요. 근데 그때 학교, 학교에서 단체 영화를 보고 갔다 오느라 관중들을 통과해서 오는데 왜 그리로 왔는지 모르겠어요. 하여튼 궁금해서 지나갔던 거 같아요.

근데 사람들 뛰길래 뛰었어요. 뛰어서 그만큼 열린 집에, 가게에 들어갔는데 너무 따가운 거예요, 얼굴이. 그래서 봤더니, 앞에 나갔더니 거기가 뿌옇게 딱 터져 있는 거예요. 그 당시만 해도 오빠가 이거 하고 다녔으니까, 오빠가 그러더라구요. 얼굴을 물에 담그래, "비비지 말고 얼굴을 담그라", 아, 그래서 '최루탄이 이런 거구나' 알았단 말이에요, 어렸을 때. 근데 그날은 저녁에 밤에 저희가 제일 앞에 있었잖아요, 그 대치 상태에서 우비를 입고 있는데, 바닥을 보는데요, 하얘요, 하얀 물이 이러고 가. 이 물 자체가 캡사이신, 이 여기 최루탄 섞여 있는 거인 거예요, 물 자체. 그 물에다가 집어넣어서 쏘는 거예요(한숨). 너무 황당한 거예요. 그냥 물도, 살수차가 아니라 그 안에 최루가스를 넣어가지고 허옇게 진짜. 안국역 그 앞에 경복궁 바로 그 옆이잖아요, 거기서 있는데 길이 하얘졌어, 허옇게.

그리고 보지도 않고 아무 데나 쏘더라구요, 막 쏴대고 그래서 "아, 참 잔인하다" (면담자: 누구라도 당할 수 있는 거죠?) 네네. 그리고 중간에, 제일 앞에 있으면 전경들이 있잖아요. 이렇게 스프레이처럼 쏘는 게 있어요. 이렇게 쏴요, 안에서. 그래서 저 사람들 의지는 아니겠지만, 시키니까 하겠지만 보면 우리 애들 또래 애들이 막 있어요, 그 앞에. 걔네도 어쩔 수 없이 하긴 하는데, 걔네랑 싸워야 하니까 그게 너무 저기 하고…. 하여튼 나는 그렇게 많은 하얀 분은 처음 본 거 같아요. 진짜, 폭포수도 아니고 냇가도 아니고 쭈욱 흘러내렸으니까.

면담자   그 와중에 희생이 된 사람들이 나타난 거잖아요.

경미 엄마   그니까 백남기 농민은 11월 달이고, 계속 그렇게 싸웠죠. 5월, 아마 그 당시 5월 2일인가 그랬을 거예요. 그니까 어디 가나 그게 항상 있었던 거 같아요. 저희 시위 그때만 한 게 아니라 거의 자주 있었잖아요, 주말마다. 거의 올라오면. 그니까 거의 무조건 차 벽이 세워지고 그런 상황인데, 100일 때도 마찬가지이고 차 벽이 있었어요. 100일 때 같은 경우는 시청에서 저희 가족들이 광화문 오려고 할 때, 그니까 저희 같은 경우는 단식을 했기 때문에 일찍 올라왔어요, 일찍 올라와서 아래에 있었는데 갑자기 차 벽이 앞에 딱 쳐버리는 거예요, 광화문 사거리잖아요. 바로 우리 분향소 앞에 차 벽을 세워버리고 그 위에서 쏘더라구요. 그래 가지고 가족들이 분리가 되어버린 거야, 그리고 그날따라 비가 많이 왔어요, 비가 많이 왔어요. 그래 가지고 새벽 한 2, 3시까지 아마 연좌 농성 하고, 그 안에서 몸싸움해서 실려 가는 분도 계셨고. 그니까 어딜 가나 항상 막았던 그 차 벽, 높은 차 벽, 항상 차 벽이 있었어요. 그 차 벽이 있고, 작년 2015년도, 15년도에는 더 확실하게 캡사이신 넣은 물을 뿌려대고 그랬던 거 같아요.

면담자　　　결국 11월에 사달이 났죠. 하지만 그게 한 번이 아니었단 거죠?

경미 엄마　　났죠. 계속 그렇게 해왔었어요. 되게 많았던 거 같아요. 이런 차 벽, 우선은 이 차 벽 자체가, 굉장히 남는 게 워낙 많은 차 벽을 봐서, 갈 때마다 차 벽을 봐서. 나중에는 이런 차가 아닌, 차 벽은 진짜 철옹성 같잖아요, 높아 가지고. 나는 우리나라에 차 벽이 그렇게 많은지 처음 알았어요. 진짜 가는 데마다 차 벽이야. 그러니까 우리의 투쟁은 차 벽과의 투쟁이라고 생각을 해요(웃음). (면담자 : 차 벽을 뚫어야 하는 거네요) 네.

9
감시의 목적으로 다녀온 동거차도

면담자　　　9월 1일부터 동거차도 주재 인양 작업 감시를 시작했습니다. 그건 어떻게 기억하세요?

경미 엄마　　그거는 반[에서] 돌아가면서 하는데 저희 반 같은 경우는 어머님들도 가고, 그니까 저희 신랑하고 윤희 아버님하고 영오 씨하고 주로 이렇게 셋이 많이 갔는데. 가서 일주일 있다가 오고. (면담자 : 영오 씨요?) 임영오 씨. 저기 시민활동가분, 네.

면담자　　　가서 주무시기도 하고 그러셨어요?

경미 엄마　　　일주일 동안 동거차도에 있고, 감시하는 거죠.

면담자　　　일주일씩 갔었나요, 그때?

경미 엄마　　　네, 그래서 감시해서, 그니까 얘네들이 뭐 하는지 모르잖아요. 그니까 항상 카메라로 감시하고 일지 쓰고. 얘네들 일 안 할 때는 "내려와서 마을 일 좀 도와드리고 그랬다"고 하더라구요.

면담자　　　동거차도 방문도 같이하시고 그러셨어요?

경미 엄마　　　저는 언제 갔냐면, 작년. 작년 인양할 때. (면담자 : 2016년에?) 아니, 2017년, 인양할 때. 3월 31일인가요? 그 당시에 "인양한다" 그러고 그래서 저희 신랑이 저기 휴가 내고 그러다가, 아, 그 당시에 저기구나. 일할 땐데 휴가 냈나 봐요 그러면. 우리 신랑이 그러더라구요. "너는 한 번은 가서 봐야 되지 않겠니?" 그래서 갔어요, 둘이.

면담자　　　그때 처음 가신 건가요?

경미 엄마　　　저는 처음 가봤어요, 이제까지 우리 신랑이 왔다 갔다 하고. 왜냐면 "집에서, 각자 한 명씩 돌아가면서 하자" 했으니까. 저희 신랑이 다녔으니까 안 가봤잖아요, 현장 자체를. 맨날 배 타고 들어가 봤고, 동거차도를 안 가봤기 때문에 1박 2일 갔다 왔거든요. 근데 그날이 그날이야, 올린 날. 그래서 위에서 보고 있었죠, 올리는 장면들, 옮겨 가는 장면들.

면담자 아버님께서 어머님이 보셔야 한다고 말씀하신 건 왜였을까요?

경미 엄마 근거리에서 볼 수도 있고, 그때 안 가면 그 자리는 없어지는 거잖아요. 그 현장 자체가 없어지는 거고. 이 사람 같은 경우는 거기 마을 분들하고 유대감이, 원래 성격이 그래서 인사도 할 겸 해서.

면담자 초창기에는 그것도 힘들었나 보더라구요.

경미 엄마 많이 힘들었어요. 갈 때마다 뭘 바리바리 싸 들고 가요, 가서 같이하고. 다행인 게 가서 일도 도와드리고, 미역 하는 것도 도와드리고 잘 지내고 왔어요, 저희 신랑은. 그날은, 제가 갔을 때는 31일, 31일 맞을 거예요, 그때 올라왔을 때. 오래 걸릴 줄 알았어요, 하도 "힘들다, 힘들다" 해서. 근데 그냥 올라왔잖아요, 그냥 쏙 올라왔잖아요. 그걸 보면 너무 허망, 너무 허망해 가지고. 그날 저녁에, 저녁엔 진짜 사실 거기에 아무것도 안 보여요. 불빛밖에 안 보이더라구요. 그래서 아, 그리고 저녁에는 뭔가를 해. 진짜 그래서 그때 가서 인양하는 거 보고 올라왔을 때 우리 진실호 타고 나가서 그다음 날 나가서 자리에서, 내가 그 바지선을 옮겨 탈 때 거기까지도 옮겨 갔잖아요. 근데 그것도 화가 나는 거예요. 왜, 저게 다 아래가 뚫리고 했을 텐데, 그거를 왜 저기까지 옮겨 가서 그렇게 할까. 수심이 저기가 얕고, 깊고 그런 얘기를 하더라구요.

근데 그것도 이 배가 43미터나 차이가 있는데, 거기도 '바지선이 와서 올리면 안 될까'라는 생각이 너무 드는 거야. 이 배를, 굳이 바지선 두 개를 연결해서 거기까지 쭉 데리고 간 거잖아요. 그사이에 유실되면 어떻게 할 건데. 근데 그게 사실이잖아요, 우려가. 그래서 그날 아침에 나가서 배 바로 앞에서, 끌고 가는 앞에 예인선이 있고 이렇게 밀고 가잖아요. 딱 가는데 쫓아와요, "저리 가라"고 방송하면서. 저희보고 "방해되니까 가라"고 그래 가지고 그거 옮기는 거 보고 그러고 동거차도 나왔죠, 그날.

10
경미가 좋아했던 단원고, 교실 존치를 위한 힘겨웠던 투쟁

면담자　　10월부터는 단원고 교실 존치를 위한 활동을 했죠. 교육청 피케팅 등등 기억나시는 거 있나요?

경미 엄마　　그 당시에 우리가 제일 할 수 있는 방법이 앉는 거였던 거 같아요, 그 자리에 앉아버리는 거. 교실도 마찬가지로, 진짜 아까도 얘기했지만 그 교실이라는 공간 자체가 그렇잖아요. 우리 학교 교실 자체가 분리하기 딱 좋은 환경이었어요, 벽만 세우면, 벽 세우고 계단만 만들면 굉장히 그대로 보존할 수 있는 기록할 수 있는 그런 환경이었단 말이에요. 근데 말도 안 되는 핑계로, "얘들 저기 하면 공사하면 시끄럽다"고. 결론은 체육관, 얘들 공부할 때 체육관 지었잖아요, 삐까번쩍하게 지었더라구요. 그래서 우리 밀어낸 거잖아요. 근데 그 상황에 얘들 제적시켜서 그거 안 떼어봤으면 누가 알았겠냐구요. 그니까 그 상황이 너무너무 화가 치미는데, 우리가 할 수 있는 거는, 그런다고 해서 이 학교를 두들겨 팰 수도 없고, 앉아서 지키는 거밖에 없었던 거 같아요.

면담자   경미 교실에 가서 잠도 자보고 그러셨어요?

경미 엄마   저는 아래에서 잤어요. 그 당시에는, 우리가 그래요. 우리가 좋은 공간은 아닌데 항상 밖에서 노숙을 해야 하는 (웃으며) 그런 거 있잖아요. 그 밖에서 누가 와서 누가 들어낼지 모르니까 '항상 그 앞을 지켜야 된다'는 생각을 가지고 있었던 거 같아요. 그래서 그 앞을 지키고, 그 당시만 해도 공방, 저기 강아지 만들어가면서 앉아서 또.

면담자   부모님들 입장에서 학교와의 싸움은 엄마들 마음에 정말 더 많이 맺힌 게 있을 거라는 생각이 드는데요.

경미 엄마   그 학교를, 정말 그랬던 거 같아요. 사실 학교에 불만이 많기는 한데, 저희가 학교 가서 난리 치면 애들한테 피해가 가잖아요, 재학생들한테. 그래서 더 안 했던 거 같아요. 학교 앞에 피케팅도 안 하구요, 웬만하면 학교에 대해서는. 지금 우리 애들도 있지만, 재학생들이 공부하는 환경에서 해가 되는 일은 안 했다고 봐요. 진짜 진짜 너무 화가 나는데, 화나면 그러면, 안 그러면 가서 눌러앉았겠지요, 그 상황에. 근데 최대한 학교는 피해가 안 가게, 근데 하고 보니, 우리가 너무 안 하니까 이 사람들이 그냥 혹 하고 빼버린 거잖아요. 너무 아쉬운 거예요. 저희는 학교에서 싸우면 안 된다고 봐요, 왜냐면 애들이 있기 때문에. 애들 보는 앞에서 싸운다는 게 그렇잖아요. 그래서 더 안 했던 건데, 사실 재학생 부모들이 더했죠, 피케팅하고 밖에서.

면담자　　　재학생들 부모들이나 생존자 부모들과의 일종의 대립이네요.

경미 엄마　　　생존자 엄마가 아는 엄마인데 그 자리에 있더라구요. 그 애들, 지 새끼 자리 뺀다고 빼긴 했는데 화가 치미는 거예요. 근데 한편으로는 그 딸내미가 걱정되는 거예요. 엄마가 걱정되는 게 아니에요, 그 딸은 얼마나 창피할까, 나중에 지 엄마가 저렇게 행동한 거 알면 다른 친구들한테 무슨 말을 들을까 그랬어요, 그 당시에는. [교실에 대해] 아쉬움이 너무 많죠.

면담자　　　너무 많이 배려를 해서 그런가 봐요.

경미 엄마　　　그죠? 배려를 한 건데, 그 배려가 함부로 해도 되는 상황이 되어버린 거 같아요. (면담자 : 학교는 희생자들이 다닌 곳인데) 그렇죠, 그니까 우리 애들 얘기 들어보면 학교는 참 좋았어요. (면담자 : 그 이전까지 학교는?) 네, 그니까 너무 공부, 공부 한 것도 아니고, 자기계발도 많이 하고, 멀어서 그랬지 학교는 좋았던 거 같아요. 학교생활 하기에는 잘 지냈고. 그니까 특별나게 말썽 부리는 애도 없었고 그랬던 거 같아요, 큰일도 없었고. 그니까 1학년 때 갔는데, 학부모 총회를 갔는데 교감이 그러더라구요. 교장이 다른 해보다 공부 잘하는 애가 많이 들어왔대요. 근데 공부 못하는 애도 많대요(웃음). 그러면서 좋아하시는 거예요, 왜냐면 공부를 열심히 하는 애가 많이 들어왔던 거예요, 저희 애 같은 경우도, 왜 애들이 중학교 때 되면,

고등학교 가서 내신 걱정하잖아요. 경미 같은 경우는 공부를 좀 하는 편이었거든요. 지 생각에 원곡[고]은 영어가 너무 빡세고, 강서[고]는 수학이 빡세요. 근데 경미가 수학을 잘해요. 그래서 저는 강서를 써줬거든요.

"너는 강서를 가라, 단원은 너무 머니까. 너무 모르는 학교니까" 그랬더니 지 생각에 '단원을 가서 공부를 좀 열심히 해서 내신이 좀 잘 나오면…' 그런 생각을 한 거 같아요. 그러면서 내가 처음에 강서 써줬는데 지가 학교 가서 단원으로 바꿔버린 거예요, 내면서. 그래서 나중에 몰랐었어요. 그러다가 단원고가 딱 뜬 거예요, 2지망이었는데. "왜 2지망이 됐지?" 그러니까 자기가 바꿔 썼다고 그러더라구요, 처음에는 머니까 되게 힘들어했어요. 버스를 두 번 타고 가거나 걸어가면 40분 걸리니까 힘들어했는데, 근데 시간 좀 지나면서, 학교생활 적응하면서 "되게 재밌다"고 하더라구요, "학교생활 자체가 학교가 좋다"고 하더라구요. 그니까 잘 지냈던 거 같아요. 지가 또 연극반 들어가서 활동을 하면서, 연극반 하면서 성격도 많이 변하기는 했는데, 선배들이 그러더라구요. 자기 같으면 그만뒀을 거래, 우리 경미가 말이 되게 작아요. 작기도 하고 우물우물우물한 성격이야.

근데 연극 선생님한테 맨날 혼난 거예요. 네, "목소리 기어들어간다"고, 그리고 "발음 정확하지 않다"고. 그래서 맨날 연필 물고 연습을 한 거야. 몰랐었어요, 애가 그렇게 힘든지 몰랐는데, 엄청 많이 혼났대요. 그래서 선배들이 "자기 같았으면은 아마 그만뒀을 거 같다"고. "근데 경미는 끝까지 참아냈다"고, "대단한 애"라고 그러더라구요. (면담자 : 정말 좋아했나 보네요?) 네, 좋아했던 거 같아요. 그 애들이 되게 좋았던 거 같아요. (면담자 : 구성원들도 좋고?) 좋고, 자기만의, 뭘 하면 지가 할 수 있을 때까지 하거든요. 그니까 그런 게 애는 좋았던 거 같아요. 대신에 공부를 놨어요(웃음). 그런 학교인데 지우려고만 하니까. 내 새끼가 참 좋아했던 학교인데, 그 학교가 내 새끼를 버린다니까 화가 치미는 거예요. 그러고 누구이 얘기를 할 때, 이 공간은 막아버리면 애들한테 피해도 안 갈거니와 그 시간대도 마찬가지잖아요. 그리고 그걸 없앤다고 해서 지워지는 게 아니니까.

막말로 해서 리모델링 다시 했어, 우리는 학교 괴담 이런 게 많아요. 어렸을 때 학교 괴담 엄청 많이 듣고 살았잖아요. 만약에 이 고등학교 야자도 해야 되고 하는데, 그게 만들어지면 어떻게 할 건데, '이 반에서 □명 중에 □명 살고 다 갔어' 그런 생각에 왜 일어날 일들을 미연에 방지 안 하고 밀어만 부치기만 하는지. '이거 내버려둔다고 해서 뭐가 달라지는데, 이 학교가?' 그러고 증축하면 되는 거고, 이 학교가 더 발전할 수 있는 계기도 되는 거잖아요, 사람 관심으로써. 사람 관심이 더 올 수도 있는 거고, 학교에 혜택도 더 들어갈 수도 있을 테니와, 그니까 지금 공부하는 애들이 더 혜택을 받을 수 있는 거잖아요.

면담자　　그 실제로도 많이 받았다고 얘기하잖아요.

경미 엄마　　부모들은, 부모들은 안 받았대요. 근데 학교는 많이 받았죠, 기부금이 많이 들어왔기 때문에.

면담자　　괴담까지 많은 생각을 하셨네요.

경미 엄마　　네, 그 말을 듣기 싫으니까. 그러고 그 공간 자체가 분

경미 엄마 전수현

리할 수 있는 공간인데, 왜 안 된다고만 하는지. 그게 너무, 그니까 지우기 위한 학교만의 방침이었던 거 같아요.

면담자   우리 사회가 그런 방식으로 살아가는 거 같아요.

경미 엄마   그렇죠, 없애려고만 하니까, 잊어버리려고 하고. 단원 고가 단원고가 아닌 게 아니니까. 근데 교장이나 교육, 이런 사람들 의 말은 너무 웃기게 얘기를 해요. 단원고를 폐교를 시키라느니, 뭐 하라느니 막말도 하니까. 그 말도 애들 저기 제적 때문에 교장실로 들어갔는데 딴짓하고 있고 말도 듣지도 않고 그랬어요.

면담자   2016년에는 겨울방학식, 졸업식 등이 있었어요.

경미 엄마   졸업식은 저희가, 제가 우리 반 앨범을 했었어요. 이 게 [업체명] 프라이드[스쿨]에서 애들 앨범을 만드는데 그 과정에서 저 희는 "졸업이 아니다" 항상 얘기했었고. (면담자 : 앨범 작업은 진행 중인가요?) 아니요, 다 끝났어요. 만들어져 있어요, 애들 사진도 다 해서.

면담자   한 사람 앞에 사진을 몇 장씩 내셨나요?

경미 엄마   왜? 만드는 건 마무리됐을 거예요, 왜냐면 이게 졸업 앨범을 만든다고 해서 졸업이 아니라, 이건 하나의 기록으로 남기기 위해서. 그리고 절대 우리는 안 가져왔어요. 그대로 쌓여 있어요, 학 교에. 학교든 어디든 쌓여 있을 거예요, 거기서 중단이 됐기 때문에. 근데 마지막 수정까지 봤으니까, 수정까지 보고 끝냈으니까. 그게 앨범이 그랬던 거 같아요, 항상 앨범을 만들면서도 이게 끝이 아니라는 거죠, 졸업이 아니라는 거죠. 그 당시에 애들이, 우리 애들이 졸업할 때였거든요. 그니까 애들 만들면서 같이 만들어야지 안 그러면 언제 만들겠어요. 시간이 지나면 기록은 없어져 버려요. 그리고 그거를 할 수 있는 방법도 없는 거고. 애들이 허락 안 하면 이거를 못 만들잖아요, 이거 자체를. 그래서 그 당시에는, 또 그때 지정 기탁인가 들어왔다고 했었어요. "학교에서 쓸 수 있는 게 그거밖에 없다"고 그래서 우선은 그거를 만들었던 거 같아요.

면담자   가지고 오시지는 않았어요?

경미 엄마   않았어요, 왜냐면 졸업이 아니니까. 그건 진짜 졸업할 때 저기 할라 그랬는데, 교실이 이렇게 이상하게 되어버린 거죠. 그건 그 전에 만들었고, 교실은 그 후에 빠진 거니까.

면담자   학교와의 싸움이 조율이 되고 했으면 나왔을까요?

경미 엄마   조율이 됐어도 앨범은 의미적으로 만든 거지, 여전히 답이 없어요, 그거는.

면담자   어머니 마음에서도 의미 있는 졸업을 못 하고 있는 건가요?

경미 엄마   그렇죠. 그냥 그때에서 머물러버린 거죠. 그니까 언젠간 졸업을 해야겠죠, 이 상황이. 근데 아직 애들도, 그니까 전에는 애들이 안 왔기 때문에 더 심했고. 왜냐면 이왕에 할 거면 다 같이 와서 다 같이해야지, 애들 아직 오지도 않았는데 왜 벌써 그런 거를 없애려고 하고 그러는 거에 대해서 너무 화가 났던 거 같아요. 그니까 미수습자가 있기 때문에 특히 더 이거는 아직도 진행 상황이라는 거죠, 끝난 일이 아니라는 거죠. 정치적 논리, 다른 논리 없어요. 그냥 애들이 안 왔어요, 애들을 기다리는 부모가 있고. 그런데 벌써 졸업을 하고 교실을 없애고 그거는 진짜 말이 안 되는 거라고 생각을 했었어요, 그 당시만 해도. 그니까 그 당시만 해도 하루, 이틀만 해도 살아 있을 거란 생각만 가지고 살잖아요. 근데 3일, 4일 지나면서 얼른 왔으면. 그니까 항상 사고 난 거는, 배 사고는 미수습자가 있고 그니까 그 당시만 해도 실종자라고 했죠. 실종자가 있으니까 '내 새끼가 돌아왔으면' 하는 그런 간절한 마음으로 거기 팽목에서 지낸 거잖아요.

애가 살아 돌아오라고 그 믿음이 아닌, 얼른 돌아오라고 어떻게든. 그래서 그 당시에 그랬어요, 이게, 딱 표지 예쁘게 딱 써서 붙이거든요, 고마운 거예요, 애가 왔다는 게. 슬픈 일은 슬픈 일인데 고맙더라구요, 와줘서. 상황이, 일주일 만에 왔는데 난 그런 마음이 들더라구요, 제 애를 봤을 때. 항상 그 생각은, 미수습자를 봤을 때 그 생각은 있어요. '얼마나 아플까' 그래서 그분들한테, 우리는 찾은 입장에서 어떻게 말하기가 참 애매해요. 그니까 처음만 해도 "니네는 찾았잖아" 이런 식으로 얘기했었으니까, 미수습자들도. 근데 찾았지만 저희 애는 없잖아요. 그니까 똑같은 마음일 텐데 그런 말도 하고, 그리고 내 마음속에서도 아직은 애들이 어떻게든 확인을, 부모는 확인을 해야 된다고 보거든요, 애에 대해서. 그니까 그런 생각으로 지금까지 걸어왔는데, 애들도 오지도 않았는데 다 없애버리니까 너무 화가 났던 거 같아요, 그 당시에는.

면담자　　　그 학교와 싸우는 건 참 여러 맥락에서 복잡하네요, 행정적으로도 정서적으로도. (경미 엄마: 그렇죠) 애들이 다 와야 하는데 같이 오기도 전에 학교가 애들을 버린 느낌이죠? 아이가 더 오지 않을까 하는 걱정도 있고.

경미 엄마　　　같이해야, [걱정이] 많이 컸던 거. 그니까 내 새끼가 마지막이 되어버릴까 봐, 그런 생각. 못 알아볼까 봐 그런 생각도 있었고, 그니까 이 과정에서도 서로 엄마들 모여서 얘기하잖아요. 그니까 저희 같은 경우는 일찍 나왔으니까, 경미는 일찍 나왔으니까 그래도 내가 만져보고, 보기도 하고, 만져도 보고 다 이렇게 해서 보냈으니까 그나마 나는 괜찮은 편인데, 보지도 못하고 보낸 사람도 많거든요. 그냥 DNA 검사해서, "자식이다" 해서. 왜냐면 상했기 때문에 이걸 볼 수가 없으니까 그니까 그런 분들한텐 이 얘기도 못 해요, 사실. 〈비공개〉

11
정치인과 시민들

면담자　　　2016년 4월 16일에 안산시 화랑유원지에서 참사 2주기 기억식을 했고 광화문광장에서 범국민 촛불문화제를 했었어요. 특별한 기억이 있으신가요?

경미 엄마　　　촛불문화제요? 2주기? 2주기 때는 우리가 뭐 했지?

면담자　　　저는 문화제의 안산학생연합회가 떠오르는데요.

경미 엄마   '코어', 코어? 그때 갔었어요. [안산] 25시광장에서 애들끼리 집회할 때. 저희 끝나고 저희 반 엄마들하고 같이 가서 보긴 했었어요. 2주기 때는 사실 기억이, 2주기인가? 뭔가 가물가물해요. 근데 2016[2014]년은 특별법 제정에 대해서 싸운 거잖아요. 그러면서, 2015년에서 16년 넘어갈 때에는 교실 존치로 싸웠고, 왜냐면 저희가 경기도교육청 수원, 저기 수원으로 반끼리 돌아가면서 눈이 오나 비가 오나 매주 금요일 날, 수요일이었나 금요일이었나 언제였지? (면담자 : 금요일은 여기 지역) 아, 수요일이었던 거 같아요. 활동하다 보니까 맨날 그 사람이 그 사람이에요. 그 우리 멤버 있어요.

면담자   동력 자체도 떨어지는 거죠?

경미 엄마   네, 상황이 아까 이야기한 것처럼 보상으로 갈라지면서 하는 사람만 하게 되니까. 그 눈이 오나 비가 오나 했던 거 같아요. 교육청 앞에 가서 서 있으면은 안 나와 사람들이. 밥 먹으러도, 차로만 딱 가고 들어오고 안 나오더라구요, 그 생활을 오래 했던 거 같아요. 추워 가지고. 그니까 그렇게 피케팅하고 나서 2016년에는 특별법 제정에 대해서 다시 상록수역에서 2시간씩 했어요. 그니까 너무 힘들더라구요. 1시간 반까지는 괜찮아. 30분이 너무 힘들었던 거 같아. 그래 가지고 저희 반은 상록수역을 맡았기 때문에 같이 모여서 언니들이랑 같이 가고. 그것도 꽤 오래 했죠, 진짜 오래 했는데.

면담자   중학교, 고등학교 애들이 엄마들 춥다고 그 캔 커피를 사가지고 와서 주기도 했었죠?

경미 엄마   그니까 아이들이 더 저기 하구요, 상록수역에서도 저희들이 계속했잖아요. 하면서 상록수역은 전교조 샘들이 나오세요. 나오시는데 [디지털]미디어고등학교, 안산 저기 선생님이 나오세요. 그 선생님이 서가지고, "야, 이리 와" 그러면 선생님이 다 설명하고 다 사인하고 가. 근데 진상 부리는 사람들 진짜 많아. 나이, 할아버지들 와서 욕하고. 그니까 아까 얘기한 것처럼 서명운동 가면은 그런 사람들이 제일 많아요, 그런 사람이 많은데, 그렇게 계속하면서 문재인이 되고, 문재인 5월 달이었나요? 선거하고 같이 서 있었던 거 같아. 민주당, 어느 날은 민주당 서 있고, 어느 날은 한나라당 서 있고. 근데 민주당 할 때는 쭉 서서 같이해요. 이 사람들도 같이 서명 도와주고 하는데, 한나라당은 어디서 조폭 같은 사람들 데려다 놓고 거기 서가지고 하고 있더라구요. 절대 이쪽으로 안 와, 자기네들끼리 춤추고 거기서 하고 있고, 그니까 그만큼 차이가 나는 거죠. 그니까 관심이 없었던 거 같아.

그 사람들 자체는 우리가 세월호 특별법 제정하기 위해서 서명을 받고 있는데, 이거에 관심이 없어요. 당적인 특수성도 있긴 하겠지만 그게 참 너무 갈리더라구요. 그리고 정의당 하시는 분은 아예 아무것도 안 들고 와서, 노란 옷 입고 와서 자기가 서명받으러 다니고. 그분은 그렇게 하셨고, 민주당은 그 앞이 전해철[의원] 사무실이 있어요. 근데 우리가 거기서 피케팅을 한 지가 꽤 오래 됐었거든요, 근데도 모르더라고, 그 사람은. 너무 뜨악해서, 그니까 말이 잘못 나온 건지 뭐 한 건지, "우리가 지금 시작한 지가 얼마나 됐는데 이제 와서 그런 얘기를 하냐"고 우리가 뭐라고 한 적이 있거든요. 그니까, 지나오면서 다 '정치는 정치인이구나' 그렇게밖에 생각을 안 한 거고. 여러 일을 겪은 거 같아요. '아, 정치인들은 다 저렇구나'.

면담자   아이들의 태도에 감동을 많이 받았는데 어른들은 왜 그런지 모르겠어요.

경미 엄마   그러니까 저희 같은 경우는, 상록수역은 안쪽이니까 그래도 괜찮은, 안쪽이니까 괜찮은 반면에 왜 다 대로가 있잖아요. 차 타고 가시면서 욕하는 사람들도 있구요. 근데 중앙동 같은 경우에는 바로 대로에서 하잖아요. 차 타고 가면서 욕하고 가는 사람들도 있고.

12
광주 재판, 책임을 지지 않는 이들의 뻔뻔함

면담자   광주법원에서 열린 재판 과정 참관했었던 것, 4·16세월호참사 특별조사위원회 청문회 참관한 이야기를 해주세요.

경미 엄마   광주 같은 경우는 저희가 같이 버스를 타고 가잖아요. 사실 기나긴 싸움, 재판을 가도 사실 재판이 특별한 게 없더라구요. 그 과정에서 저희가 광주를 가면 사실 광주 시민이 진짜 고마워요. 나와서 손 잡아주고, 얘기해 주고. 굉장히 관심이 되게 많았었어요, 광주 시민 자체가. 그러고 들어가는 사람 있고. 우선 법원이라는 자체가 피켓을 못 들고 들어가잖아요, 다 걸리니까. 법원 밖에서 피케팅하고, 돌아가면서 피케팅하고. 법원은 활동이라는 게 가서 참관하고, 피케팅하고 다시 올라오는 과정이었으니까, 광주법원은. 그러고 점점 더 길어질수록 광주법원에서 갔다가, 증인들이 거기 나왔었어요, 광주법원에. 그래 가지고 그때 어떻게 했더라…. 우리가 거기 앞에서 농성 한번 벌인 적 있는데, 갑자기 생각이 안 나. 아무튼 광주는 그때는 증인들이 나오니까, 그니까 처음에는 그 사람들 어디서 오는지 얼굴만 보려고 했는데 지하로 들어오는지 그거는 볼 수도 없고, 나가는 거 보려고 밖에서 있었는데도….

면담자   안에는 들어가지 않으셨어요? (경미 엄마 : 들어갔었어요) 재판 방청도 하셨고요?

경미 엄마   방청도 하고, 방청하다가 그게 하루에 끝나는 게 아니니까 나와서 피케팅도 하고. 긴 시간, 길게 하더라구요, 그 당시에는 길게 해서. 그니까 광주 재판은 화가 나는 재판이었죠, 왜냐하면 직접 그 사람들 눈앞에서 봐야 되니까. 그 당시에 이준석 선장이나 쭉 나와서 증언하고, 맨날 이준석 선장은 졸고 앉아 있고. 그니까 그런 모습이 너무 화가 나게 했으니까. 그 당시에는, 재판이라는 거는 항상 그 사람들 변명? 그리고 그닥 재미는 없었던 거 같아요. 별 뾰족한 수도 없고, 워낙 재판이 길게 가니까 그것도 그렇더라구요.

면담자   청문회랑 뭐 이렇게 재판 과정에서 진상을 파악하게 된다는 느낌은 받으셨어요?

경미 엄마   의문이 많았죠. 그리고 청문회 같은 경우는 너무, 지금 처벌 안 받은 목포 [해양경찰]청장이나 이 사람들의 뻔뻔함에 치가 떨린 거예요. 너무 뻔뻔했어요, 진짜. 말하는 자체도 그렇고(한숨). 근데 그 사람들은 책임을 안 지잖아요, 그 상황이. 청문회를 보면서 이런 자료가 이렇게 올라오잖아요. 근데 저 사람 잘못한 건데 절대 그거는 아니라 그러니까. 아니라 그러고 뻔뻔한 태도로 나오고. 그러고 그 자체가 결론이 나는 게 아니라 설명만 하는 그런 자리이기 때문에 많이 화가 치밀었죠. 대신에 청문회 함으로써 우리가 모르는 것도 알게 되는 거잖아요. 그날, 그 당시에 기록이나 그런 게 나오니까. 사실 우리가 맨날 찾아가면서 볼 순 없으니까 "아, 이런 게 있었구나" 우리는 생활을 해가면서 지나온 거고, 투쟁을 해간 거고, 실질적으로 그날의 교신 내용, 뭐 내용, 그다음에 해경청 그런 거를 알 수는 없으니. (면담자 : 명령 계통이나) 네, 그런 거니까. 모든 자료가 나올수록 진짜 이거는 주먹구구도 아니고, 너무 어이없는 행동들을 하고 있으니까, 그런 게 좀.

13
대통령 탄핵 집회, 고립감을 벗어나 시민들과 함께

면담자　청문회는 3차까지 다 가셨나요? (경미 엄마 : 네, 3차) 그러셨구나. 대통령 촛불집회에 탄핵에 벌써 작년이네요.

경미 엄마　벌써 그렇게 됐어요. 11월 달부터 시작해서, 그니까 사실 그 탄핵….

면담자　어떠셨어요? 아까 삼보일배 하면서 간다는 게 화난다고 하셨는데.

경미 엄마　(한숨) 성질나고. 저는 서 있었어요. 가서 그냥 서 있었어. 너무 싫어.

면담자   탄핵 집회는 어떠셨나요?

경미 엄마   저희가 항상 탄핵 집회 때는 앞에 있었잖아요. 앞에
서, 그렇죠. 미안한 거는, 시민들한테 미안한 거는, 항상 그 전에도
많이 들었어요, 그니까 우리로 인해서 이게 더 커질 수도 있지만은,
저번에 안산에서 가다 보니까, 버스를 타고 가서 그 시간대에 가서
앞에 앉잖아요. 그러면 이해해 주시는 분도 계시지만은 뒤에서 "저
사람들은 무슨 특혜로 저기 앞에 맨날, 늦게 와가지고 저 앞으로 앉
냐"고, 그런 말도 뒤꼭지로 들리더라구요. 근데 미안하기도 했고 그
거는. 미리 와서 못 있고 항상, 대신에 저희는 항상 앞에 선두에 서
서 행진하고, 싸울 때도 무력은 안 된다. 그 당시에 가다가 청운동까
지 못 가고 전에 경기도 어디죠? 경찰청인가 거기서 막혔을 때 있었
을 거예요. 그 당시도 진짜 아까 얘기했던 것처럼 옆에서 이렇게 충
동질하는 사람이 있다고 그랬잖아요. "올라가라", "버스 위로 올라가
라" 그런 사람들 있어요. 근데 저희가 "내려오라"고. 시민들도 많이,
이건 무력[평화] 시위지, 폭력을 쓰는 시위가 아니라고. 저희가 항상
촛불시위잖아요. 그래서 "올라가면 안 된다, 내려와라".

    그니까 너무 웃기는 거야. 누구는 올라가고 우리는 "내려오라"
그러고 "그러면 안 된다"고 그러고, 그러고 진짜 많은 시민들이 왔잖
아요. 시민 떠나서 얘들까지, 학생들 진짜 말 잘하더라구요(한숨).
저런 애들이 더 많았으면 좋겠다는 생각.

면담자   계속 차 벽 얘기하셨잖아요. 그때 해방감도 느꼈나요?

경미 엄마　　　그렇죠, 왜냐면 그까지도 못 갔거든요. 사실, 집회라는 게 항상 저희만의 싸움이었던 거 같아요. 같이 오시기는 하는데, 항상 가지도 못하고 막히고 그랬는데 그 집회를 하면서 조금은 트였잖아요. 모든, 이때까지 그런 집회는 없었잖아요. 옛날에, 2002년 월드컵 때 서울시청에 그거 말고는 진짜 발 디딜 틈도 없이, 어디 가려면 이러이러고 걸어 다녀야 되고, 모든 시민들이 다 나왔으니까, 그 당시에는. 근데, 그때는 할 만했어요, 진짜. 그 당시에 힘이 참 많이 됐었어요. 다 나오고, 어른부터 얘들까지 다 나와서 촛불을 들었으니까 진짜. 그니까 하면서도 재미나게 갔던 거 같아요. 그런 집회가 있을 수도 없고, 그니까 아무런 무력도 없었고, 진짜 그 당시에는 그랬던 거 같아요. 싸우려고 생각도 안 했고, 앞에서 서서 구호 외치고 그랬었죠.

면담자　　　아마 4·16이 없었으면 탄핵은 좀 더 달랐을 거 같아요. (경미 엄마 : 하나의 도화선으로 됐던) 촛불집회에서 퍼포먼스도 했었고.

경미 엄마　　　근데 그게 처음에는 사실 별로, 이게 노래하고 그런 게, 즐거운 게 저희가 되게 힘들었었어요. (면담자 : 집회가 즐거운 게?) 네, 그리고 가서 박수 치고 노래 따라 부르고 그런 게 너무 힘들었는데, 점점 즐겼잖아요(웃음). 그러다 보니까 "아, 저 사람들도 힘이, 우리한테 주려고 오는 거다" 같이 호응도 하고 그랬던 거 같아요.

면담자　　　집회가 문화제의 성격도 있으니까요.

경미 엄마　　　근데 그 문화제라는 게 처음에는 너무 힘들었어요. 마음에서는 즐겁지가 않은데 (면담자 : 거부감이?) 네, 그니까 딱 정해졌던 거 같아요, 이게 노래도 좋고. 왜냐면 노래를 들으면 자꾸 눈물이 나니까, 울게 되니까 그게 너무 싫었던 거 같아요. 근데 어느 정도 계속되어 가면서 적응이 되어가는 거죠, 그 문화제에. (면담자 : 일도 잘되어 가고 있고) 네, 그러면서 탄핵되면서 아이고 진짜….

면담자 탄핵 이후 지금은 어때요?

경미 엄마 똑같아요, 바뀌지는…. 탄핵되고 대통령이 바뀌었는데 사실 그 밑에 있는 사람들은 똑같거든요, 바뀌지 않았잖아요. 우리 일이 똑같아요, 그 전이나 여전히 그 상태인 거 같아요. 그니까 우리도 알아요. 문재인이[으로] 바뀌었다고, 문재인이 대통령이 돼서 금방 안 된다는 것도 알아요. 아는데, 너무 안 돼. 똑같아요. 옛날이나 지금이나, 경기도교육청이나 지나간 시간을, 시간만 갈 뿐이지 그거에 대한 답도 없고. 얘네가 예를 들면 공약을 했으면 그래도 해결을, 특히 추모공원 같은 경우도 "다 해준다 어쩐다" 했는데 결론적으로는 안 된다잖아요. 아직까지도 "안 된다" 그러고, 안 해주고 있으니까, 그런 것도. 근데 이걸 어떻게 풀어야 될지 모르겠어요. 그런다고 무력을 쓸, 우리가 다시 거리에 나서기도 그렇고 그래요.

면담자 박근혜 시절에 정권과 싸우는 거랑 다르고.

경미 엄마 그렇죠. 똑같아요. 그니까 위에만 바뀌었지, 사실 아래에서 일하는 사람들은 그게 바뀌기가 쉽지 않잖아요. 이때까지 일들을 이렇게 진행해 왔는데 이거를 바꾸라 그러면, 맨날 하는 얘기 있잖아요. "관행에 의해서" 난 그 관행이라는 거 자체가 진짜 싫은 거예요. 그 관행이 잘못됐으면 바꿔야 되는 거잖아요. 근데 우리나라는 그 관행 때문에 바꾸지를 않으니까. 그리고 지금 나오는 거는 맨날 비리만 계속 캐고 있잖아요, 근데 진행[진척]은 없어. 잘못된 거아는데 그 진행이 없어요. 뒤로 가면서 그 진행이, 안 보여요. 우리에 관한 반응이 없으니까, 아예.

면담자   그러고 보니 추모공원 반대하는 게 붙어 있던데 힘드시겠어요.

경미 엄마   네, 많이 붙어 있어요.

14
공방 활동, 지역사회 주민과의 나눔

면담자   공방에서 주도적인 역할들을 해오시고 '이웃'에서도 활동하셨죠?

경미 엄마   '이웃'에서는, 그니까 초창기에 처음에, 2015년? 처음 '이웃', 그래서 그 당시에는 얘들 생일 모임 고거 하면서 그때 15년 경미 생일을 거기서 했거든요. 그러면서 '이웃'도 가게 됐고, 그 당시에는 '이웃'에서 심리 상담처럼 각 반 돌아가면서 하기도 하고, 그 당시에 뜨개질을 아마 했었을 거예요, 뭘 할 게 없었으니까. 공방도 없었던 상태였고. 그래서 그냥 거기서 활동이라고 해야 하나, 그냥 가서 시간 때우고 왔죠. 그게 뭐였냐면, 우리가 시간이 없었어요, 그런 데를 갈 시간이. 아까 얘기했지만 14, 15, 16[년]은 거의 밖에서 살았기 때문에 그런 걸 할 수 있는 시간이 안 됐고. 진짜 공방이 2016년 정도, 이게 아마 그쯤 됐을 거예요. 그때 생기면서 대신에 공방 활동을 뭐냐면, 만약에 수업이 있는데 어디를 가야 된다, 그러면 집회를 가든가, 수업 안 하고 집회를 가요. 그런 게 공방이었어요. 그냥 할 일 없을 때 매일 집에 있기 뭐하잖아요.

집에 있으면 뭐 하냐면 무기력해져요. 괜히 애 사진 보고 있다가 TV 보다가, 요즘 워낙 드라마 내용이 다 죽어, 그러면은 엉엉 울다가, 이게 생활이 되어버리니까. 나와서 엄마들하고 같이 얘기하고 만들기 하고, 다행히 내가 만들기 좋아하다 보니까, 그니까 처음에는 빵떡[브로치], 우리 그 펠트지에다가 수놓는 거, 그게 1기 때 처음 만들어졌어요. 수놓는 선생님 오셔가지고 그때 만들었었는데, 그거를 그때는 안 나갔으니까, 1기 때는 공방을 잘. 처음 몇 번 가다가 안 가버렸으니까. 근데 계속 뭐든지 만들어낸다는 그런 것도 있었고, 그 당시에 만들어서 주는 게 목적이었으니까. 도와주시는 분들한테 감사의 마음을 표현하는 거죠. 그래서 빵떡을 만들기 시작하면서, 인터넷 봐가면서 수를 독학을 해가면서 그때부터 수를 놓기 시작한 거예요. 그 전에 수를 놓은 것도 아니고, 그때부터 인터넷 활용해 가면서 수를 놔서 드리고. 그러다 보니까 내 일이 되어버린 거예요.

면담자　　수놓으시면 마음이 좀 편해지시나요?

경미 엄마　　마음이 진정이 돼요. 왜냐면 잠이, 잠을 잘 못 잤었어요, 잠을 잘 못 자가지고 거의 밤을 새다시피 하니까. 뜨개질은 어깨가 너무 아프고 안 맞더라구요, 뜨개질이 너무 아파서. 근데 수는 어깨도 안 아프고, 손도 안 아프더라구요. 단지 손이[에] 굳은살이 배길 [박일] 뿐이지. 그리고 눈이 안 보일 뿐이지(웃음). 만들었는데 사람들이 다 좋아하고 하니까. 또 계속 필요로 하다고 하니까 계속하게 된 거예요. 계속 만들게 됐고, 그러면서 제발 선생님이 계셔야 하는데, 안 계셔서 그냥 혼자 대충, 그러면서 또 2016, 17, 18. 2년, 3년째 되어가는 거죠.

면담자　　　그걸로 '엄마랑 함께하장' 하고 있는 거잖아요. (경미 엄마 : '엄마장' 하고) 그런 것들이 생활의 감을 회복하는 데 도움이 되나요?

경미 엄마　　　생활의 감보다는요, 저는 그냥 그래요, 할 사람이 없기도 하구요. 우선은 할 사람이 없어요. (면담자 : 여기에) 네, 왜냐면 이게 수업도 아니고, 그니까 저하고 지금은 인비 언니도 있고 하는데 처음 시작할 때에는 수진 언니하고 저하고 거의 둘만 했던 거 같아요. 그래서 점점 언니들 가르쳐주고, 뭐 하면서 다 같이하긴 하는데, 이게 따로 수업이 있는 게 아니라 우리만의 이렇게 하나 하다 보면 노하우가 생겨서 이렇게 하게 되었는데. 이게 하다 보니까, 저희가 퀼트 수업이잖아요. 그 수업, 퀼트를 배우면서 거기에 또 접목을 시켜서 수를 놓게 되고, 이런 과정이 된 거예요. 이렇게 지나가면서 된 건데. 이게 생활하고 밀접하게 된 건 아니고(웃음). 이걸 왜 하냐면, 처음에는 내가 좋아서 했구요. 내가 할 수 있는 게 이거라서 했고, 이걸 안 하면 시간이 너무 안 가니까 했고. 이거라도 하면서 시간도 가고, 누가 필요하다고 하면은 주기도 하고. 그니까 재능 기부라는 생각을 했어요.

내가 해서 남들도 좋아하고, 그니까 그렇게 시작해서 계속했는데, 할 사람이 없어요. 그래서 계속하는 거예요. 안 해요, 이거를 수를 하다 보면은 눈이 나빠, 그나마 나쁜데 제가 마이너스 15였는데, 지금 19로 눈이 더 나빠졌어요. 이게 저기 돼서, 맨날 이거 보고만 있으니까. 약간 이게 거북목도 되고 그렇더라구요, 이 자세 자체가. 근데 요즘은 꾀가 나요, 힘들어서.

면담자   준비를 또 해야 하죠?

경미 엄마   또 준비를 하려면 해야죠, 할 사람이 없어요(웃음). (면담자 : 자연스럽게 선생님이 되신 거네요) 자연스럽게, 처음에 혼자 하다가 '엄마랑' 때문에 선생님이 3일 정도 왔었어요. 그때 보면서, '아 이런 것도 있구나' 그래서 배운 게 아니라, 이런 게 있대요. 자수 중에 이런 게 있고, 그니까 스티치 이런 거는 여기서 배우고, 인터넷 보고 내가 내 나름대로 연습을 해서 하는 거고, 그래서 '아, 수를 이런 것도 있고' 그니까 점점 해보면서 만들어진 거죠, 이제 가방에 수 놓고, 수놔서 퀼트 배웠으니까. 가방 만들고 그러는 과정이 됐는데. 이러면서 특히 저희는 주로 브로치를 많이 만드니까, 브로치라는 게 굉장히 쉽거든요, 만들기가. 좀 쉬워요, 다른 거에 비해서 기본만 배우면 되게 저렴하게 만들 수가 있고. 저희가 강사를 나가게 된 게 지역사회에 알려야 된다. 그런데 어떻게 하다 보니까 퀼트도 있고 하는데, 제가 브로치를 만들다 보니까, 그럼 "자수 수업을 나가보라" 그러더라구요.

나갔는데 처음에는 너무 두려웠, (면담자 : 복지관?) '쉼과힘', '쉼과힘'을 먼저 나갔죠. 여기 또 명성교회 옆에. 교회 옆에, 근데 사람들이 너무 좋아해요, 좋아하고 잘됐어요. 그래서 계속하면서, 저는 주로 자수 브로치만 해서. (면담자 : 요청이 들어오면 하시나요?) 들어오면 나가서 복지관, 선부복지관 아니면 여기 안산평생학습관 이런데, 도서관 같은 데 가서 해보면 결과물이 딱 이렇게 나오잖아요, 그니까 좋아하시더라구요. 근데 너무 힘든 거는 그니까 처음 '쉼과힘' 같은 경우는 우리가 누군지 알아요. 처음 가면서 얘기하고 하는데, 그분들은 별로 관심이 없더라구요, 세월호에 대해서. 세월호 알리려고 갔는데 (면담자 : 다른 복지관이요?) 아니, 그쪽 '쉼과힘' 쪽에. 그런쪽, 복지관도 마찬가지이고, 구성원들이. 그니까 복지관이나 이런데는 사실 별로 관심이 없는데, 작년에 작은도서관하고 평생학습관을 갔는데 거기는 활동을 하시는 분들이 많더라구요, 도서관이나.

그래서 가서 자수라는 게 놓다 보면은 시간이 많잖아요. 가서 같이 얘기하고, "이러이러한 상황입니다"라고 얘기하면 다 들어주고, "힘내시라" 그러고. 사실 도서관하고 평생학습관 가서는 힘을 받고 왔어요, 고맙더라구요.

면담자　　　자수는 활동과 어우러진다기보다는 기술적인 거여서 그렇죠?

경미 엄마　　　그니까 여기, 몰라요, 처음에 시작한 데는 거기도 세월호에 의해서 지원받아서 하는 건데, 다 지원하잖아요, 그런데 너무 틀리니까다르니까], 입장이 너무 틀려서…. 참 이런 분들이 많았으면 좋겠다. 도서관이나 평생학습관 그분들 만나면서 이런 분들만 있으면 수업할 맛 나겠다, 수업도 해가면서 사회적인 얘기도 하고 그니까, 그분들 평생학습관 가서는 물어보는 게 "지금 미수습자 가족들 어떻게 지내냐" 그게 궁금하신가 봐요, 저도 모르거든. "저도 모릅니다". 지금 사회적인 현상, 지금 우리 직립이나 추모공원에 대해서 그런 거에 대한 얘기지, 그런 얘기를 했을 때 이분들은, 내가 자수를 왜 했고 이런 얘기를 해드리면은 "아, 힘내시라"고 말 한마디라도 되게 좋았던 거 같아요. 그리고 내가 추모공원 얘기했을 때 같이 공감하면서 얘기를 할 수도 있고. 근데 일반 시민들은 아직까지는 힘들어요.

면담자   시민사회로 깊이 들어가서 세월호 활동을 하게 되는 거네요. (경미 엄마 : (웃으며) 약간요) 피케팅할 때는 구호인데, 자수는 한 사람과 진득하게 이야기하는 거니까요.

경미 엄마   일대일로 대화를 하면서, "지금 공방은 어떻게 저기 하면서, 우리가 어떻게 활동을 하고 있는지, 가만히 있지 않습니다" 그니까 모르는 사람들은 그래요. 아까 얘기처럼 보상이라는 게 있었기 때문에 다 받은 줄 알아요, 다 받고 떼쓰는 줄 알아요. 근데 그게 아니잖아요. 저희는 보상을 받지도 않았고, 그니까 보상이라는 것도 마찬가지야. 끝나지도 않았는데 벌써 그 각서를 쓴다는 거 자체가 이상한 거니까…. 저기는, 이번 강의는 되게 좋았던 거 같아요.

면담자   잘못된 정보에 대해서 사람들을 만나 정정할 기회도 되는 것 같아요.

경미 엄마   그니까 저뿐만 아니라, 엄마공방을 하시는 분들이, 지금 강사 나가시는 분들이 태민 엄마나 윤희 언니나 혜선 엄마나 은정 엄마나 웅기 엄마나 수진 언니나 여러 명이 있어요. 지금 공방에 있는 사람들이 거의 다예요. 왜냐면 매일 나와서 같이 회의하고, 회의라기보다는 얘기하고, 뭐를 해야 될지, 뭐냐면 우리가 14년, 15년은 다 밖으로 뛰었다구요. 광화문 가 있고, 청운동 가 있고, 안산을 비워놨단 말이에요. 안산 속에 안 들어갔었어요. 근데 "안산으로 들어가 보자" 해서 강사도 나가고, 그니까 강사 나가서 얘기하고 이런 과정이 우리가, 지금 우리에 대한 현실을 얘기하는 거죠, 이 시민들한테. 이상한 말만 듣고 있으니까 그거에 대한, 오해에 대한 진실 같은 걸 말할 수 있고, 그런 장이 만들어진 거예요, 사실. 이번 공방 자체가 활동하면서.

면담자　　공방 활동이 질적으로 변화된 것이기도 하네요.

경미 엄마　　그렇죠, 옛날에는 힐링만 하고, 앉아서 만들기만 하고 나가서 판매하고. '엄마장'을 했으니까, 그거는 알리기 위한 하나의 방법으로서 그거를 했는데, 지금은 우리가 배워온 과정에서 노하우가 생겼고, 이러면서 우리가 강사 자격증도[이] 있는 것도 아니지만은 불러주시니까 가서 얘기도 해가면서, "이런 게 있습니다"라고 서로, 그니까 올해가 그랬지 작년만 해도, 아니다 작년, 재작년, 2018년이니까. 16년에는 강사로 나가서 가르쳐주기만 했다면, 17년은 더 발전이 된 거 같아요. 발전이 되어서, 어떻게 방향이, 이런 데 도서관이나 들어오다 보니까 서로 얘기할 수 있는, 처음부터 "세월호에 대해서 얘기한다"고 모인 거니까. 저희 한 30분 얘기하고, 수업 들어가고. 수업 들어가서 같이 얘기하면서, 수업이 혼자서 떠드는 게 아니니까, 일대일로 가르쳐주고 해야 되니까 얘기하면서. 그게 많이 변화가 됐어요, 그 공방 활동도. 근데 우리 하는 사람이 쭉 일률적이라 이게 너무 힘들어요.

많은 사람이 하면 좋은데 그게 어렵더라구요, 안 나오시니까. 많이 있으면 좋죠. 근데 그 말도 듣기 싫고, "니들이 다 해 처먹는다" 그 말도 듣기 싫고. (면담자 : 가족들 안에서?) 그렇죠. 그니까 우리가 공방을 하면서 사실 활동을 다 하거든요. 무슨 집회 있거나 기자회견 있거나 이런 것들은, 간담회만 안 나갈 뿐이지, 근데 약간 오해들이 조금씩 있는 거 같아요. 그래서 그런 거는 좀, 시간이 지나면 다 서로 통하게 되면 이해가 되는데, 소통이 안 되다 보니까 그런 거 같기도 하고. 그니까 작년은 진짜 인양되면서, 거의 작년 초에는 거의 목포에 살았고. 그래서 공방도 거의 안 했어요.

면담자　'온마음센터'에 들어왔던 프로그램도 거의 진행이 안 됐어요?

경미 엄마　예. 그니까 하긴 하는데 "뭐 한다" 그러면 또 못 하고, 사람이 없으니까 못 하. 우리가 취소시키고, 그러면서 집중할 땐 집중하고. 왜냐면 3, 4월 초에 올라와서 3월 말, 4월 초에 올라왔으니까 4월, 5월, 6월, 7월, 8월까지는 거의 돌아가면서. 그러니까 4월은 목포에 15일은 있었던 거 같아요. 계속 거기 지키고 있었고, 그 과정에 싸워야 되는 상황이 있었고, 국회에서. 그러니까 계속 반[이] 돌아가면서 목포 내려가고, 가서 있다가 오고. 3박 4일씩 돌아가면서 불침번 같은 게[걸] 섰으니까 그러면서 차분해[지]면서, 느슨해지면서 다시 공방 열리고, '엄마장'도 같이하고. 왜냐면 3월부터잖아요, 원래 5월인가 해야 되는데 올해는 가을에 할 거예요, 아마 못 해요, 없어서 못 해요. "원래 작년 5월에 하려고 했었는데, 세월호 인양되면서 캔슬[취소]이 되고 가을에 한다" 그랬잖아요. 만들 시간도 없었고, 만들 시간에 목포에 살았으니까. 그 공방 활동이 당시에는 거의 목포, 그러니까 □□이라고는 하지만 거의 활동하는 공방이었던 거 같아요. 활동하기 위한 그 잠깐 쉼터라고 보는 게.

면담자   종교 활동을 하는 건 없으시고? (경미 엄마 : 네, 오로지 그냥) '온마음센터'에서 하는 마사지 이런 걸 다니시거나 그러지는 않으셨구요?

경미 엄마   '온마음'은 가기 싫어서 안 가요(웃음). 그니까 저는 그래요. '온마음'도 좋지만 지금 분향소가 되게 썰렁해요, 사람이 없어요. 그러니까 공방이라는 공간은 분향소 내에 있잖아요. 왜 공방이 분향소에 있냐면 이 자리를 지켜야 되기 때문에 공방이 분향소에 있다고 봐요. 나와서, 우리 애들이 지금, 여기 영정이 다 여기 있는데 여기 사람이 없어 버리면 너무 허전하잖아요. 그래서 공방은 분향소에서 매일 수업이 들어갈 수 있게, 사람이 왔다 갔다 할 수 있게, 모일 수 있게 그런 공간이라고 보거든요. 처음 취지도 그랬었고. 그래서 그러다 보니까. 사실 공방을 안 나오면, 분향소를 안 나오면 사람들이 '이웃'이나 '온마음'으로 가요. 안 보이니까, 그쪽으로 가면은 약간의 그런 힐링만 원하시는 분들이 많기 때문에 그것만 보고 있으면 화가 터지니까 못 가겠더라구요. 그니까 힐링도 좋지만 진짜 투쟁할 때는 나와서, 그니까 와서 투쟁하라는 소리가 아니에요. 그냥 그 자리에만 있어줘도, 우리 부모는 아직도 이런 감정과 함께 있다는 생각을 해주셔야 되는데, 다 아프거든요. 근데 그분들은 자기 마음 아프니까, 저기 있다 그러니까 그걸 뭐라고 할 수도 없는 거고.

그니까 내 마음속에서도 보기 싫고 하니까 안 가게 되고 그렇게 되는 거 같아요. 근데 그 사람들한테 뭐라고 할 수는 없잖아요. '당신 왜 안 나와? 나와'. 그니까 말은 웃어가면서 '저렇게 집회 있는데 좀 나와' 할 수 있는데, 말은 그렇게 하는데 속에서 부글부글 끓는 거죠, 이게. 그럴 정신 있으면 집회라고[도] 한 번 더 나오면 얼마나 좋냐고. 기자회견 할 때 의자라도 세워주고, 와서 머릿수라도 채워주고 응? 근데 그런 게 거기 있는 사람들은 그런 마음이 아닌 거 같기도 하고. 그 사람들 마음은 잘 모르겠지만. 그냥 내가 보기에 불편하니까 그래서 더 안 가는 거 같아요.

면담자   그게 같이 가야 되는 건데, 그렇죠? (경미 엄마 : 그렇죠) 투쟁하면서도 치유와 활동이 분리되어 있다는 생각을 하시는 거네요.

경미 엄마   그게 그래요, 말을 하다 보면, 이게 우리 공방에서 일을 하다 보면은 애 얘기 하다가, 뭐 하다가 투쟁 얘기 하다가, 뭐 사회적인 얘기하다가 이게 일상이에요. "어디에서 뭐가 있으면 가야지" 어쩌고저쩌고. 근데 서로 가기 싫어 죽겠는데도 "가야지, 가야지" 하면 등 떠밀고[려] 갈 때도 있어요, 사실은. 그렇잖아요. "아휴,

나 힘들어. 근데 해야 하니까 한다" 그러잖아요. 근데 그런 마음에서도 서로 보듬, 서로 내가 이러고 가는데 활동을 안 하시는 분들은 사실 이 얘기를 하면은 싫거든, "어디 가자 가자" 그러면은 싫어할 수도 없는 거고, 가기는 싫고. 그건 말이 안 되는 거잖아요, 서로 대화 자체가 틀린 거잖아요. 그러다 보니까 굳이 하고 싶지도 않고, 싫어하는 사람들한테 더 얘기하고 싶지도 않고.

면담자   오늘 활동에 관해 이야기를 해주셨는데, 시간이 갈수록 흐릿해지시죠? (경미 엄마 : 잊어버려요, 이게 그때가 그땐가, 저 때가 저 땐가 헷갈려 가지고) 이 얘기 꼭 해야 하는데 놓친 게 있을까요?

경미 엄마   뭐가 있을까요? 몰라요. 기억 안 나요.

면담자   수고하셨습니다.

경미 엄마   수고하셨습니다.

3회차

2018년 2월 8일

1
시작 인사말

면담자 　　　본 구술증언은 4·16 사건에 대한 참여자들의 경험과 기억을 기록으로 남김으로써 이후 진상 규명 및 역사 기술에 기여하고자 합니다. 지금부터 전수현 씨의 증언을 시작하겠습니다. 오늘은 2018년 2월 8일이며, 장소는 안산시 단원구 4·16기억저장소입니다. 면담자는 유은주이며, 촬영자는 강재성입니다.

2
진상 규명 활동에 참여한 이유

면담자 　　　3차 인터뷰입니다. 지난 3년간 어머니와 가족들의 삶이 투쟁 과정을 거치며 어떻게 변화했는지, 투쟁하면서 깨달은 점 등을 여쭤볼게요. 활동에 계속 참여할 수 있었던 이유는 무엇이라고 생각하시는지요?

경미 엄마 　　　큰 이유, 투철한 의식을 가지고 시작한 건 아니었고, 자식에 관한 일이었고. 이게 의문이라는 게 생기니까 알아야 되잖아요. 알 수 있는 방법은, 혼자 집에 있는다고 알 수 있는 게 아니고, 어떻게든 내가 발로 뛰어다녀야, 요즘은 안 알려주잖아요. 다 감추려고만 [하지]. 이때까지 했기 때문에 그걸 알고자 하는, 그 부모의 심정에서 처음 뛰어든 거 같구요, 이 일 자체는. 그게 아직까지도 진행형인데 그랬던 거 같아요, 알고자 하는 부모 마음. 우리가 왜, 사고가 났는지에 대해서 물어보기도 하고, 해도 답은 없었고 정부 자체에서. 이러면서 점점 이 일이 진행형으로 계속된 거죠. 만약에 진짜 정부가 좋아 가지고 일이 터졌을 때 딱 옳게 알려주면 거기서 끝나는 거잖아요. 근데 우리는 그러지 않았기 때문에. 진실을 알려주지 않았기 때문에 그거에 대한 물음으로 활동을 더 많이 한 거 같고, 지금도 마찬가지이고. 그걸 어떻게 정의해야 할지 저도 잘 모르겠어요.

면담자   앞으로도 이 활동은 상당 기간 지속될 수밖에 없는 거라고 생각하시나요?

경미 엄마   그렇죠, 이게 포기할 수 없는 거니까. 그리고 내 자식 일이기도 하지만 남의 자식도 있잖아요. 근데 이런 거 같아요. 옛날에는 사회적인 문제에 관심이 없었지만, 지금은…. 그런다고 해서 막 투철하게 그건 아니지만, 이걸 덮고 가면은 그런 일이 다시 생기더라구요. 이때까지 그걸 지켜봤을 경우에. 이게 확실하게 정리가 안 되면 다시 그 문제가 나고, 그 문제로 다시 우왕좌왕할 테고, 그러니까 그러면 안 되겠다는 생각은 해요. 내 자식이 살아가야 하니까. 경미는 갔지만 ○○은 있잖아요. '내 새끼는 더 이상 이런 데서 안 살았으면…' 하는 마음, 그런 마음에서. 그런다고 해서 투철하게 저기는 아니지만 관심 갖고 거기에 참여하는 게 지금 내가 할 수 있는 최선의 방법이라고 생각하니까, 그렇게 살고 있어요.

면담자   이미 간 자식을 위한 활동이면서 동시에 지금 살아 있는 내 자식이 살아갈 세상을 위해.

경미 엄마   그렇죠.

3
우리들만의 치유 공간이었던 엄마공방

면담자   세월호 활동 중에 아쉽거나 후회가 되는 지점들이 있나요?

경미 엄마   후회되는 거는 내가 좀 더 적극적으로 참여 못 했다는 게 후회되는 거고. 근데 그런 거에 대해서는 모르겠어요. 더 열심히 하는 사람도 있지만, 그만큼 내 역량이 안 되어서 더 도움을 못 준 게 미안하기도 하고. 근데 항상 그래도 옆에 있는 게 내가 할 수 있는 일이라고 생각하니까, 그런 마음도 있는데 더 미안함이 더 많아요. 더 열심히 하는 분들에 비하면 저는 그런 활동을 덜하지 않았나. 가서 알리고 적극적으로는 사실 못 했던 거 같아요.

면담자   활동을 한다는 게 어려운 일이잖아요? (경미 엄마 : 그렇죠) 치유 프로그램에 참여도 하면서 가족과 자신을 돌보며 지내면 좋지 않았을까 하는 후회는 없으신가요?

경미 엄마   그니까 너무 힘들 때는 사실 그런 후회도 해요. 사실 일이라는 게 어떻게 하다 보니까 이 공방 일을 하게 됐고, 모든 게 저한테 주어지다 보니까 좀 부담은 되더라구요. 왜냐면 거의 생산자처럼 활동을 해야 되고, 근데 지금 같은 경우는, 소송을 가는 사람과 배상을 받은 사람 이렇게 나뉘어져 있잖아요. 근데 이게 배상을 받은 사람들은 '온마음'이나 '이웃'이나 심리센터나 사실 그 활동만 해요. 사실 진짜 엄마들이, 부모가 필요한 자리에는 그닥 안 나오고. (면담자 : 싸움이 필요한 자리에는) 자리에는. 근데 그걸 계속하다가도 가끔은 '나도 힘들다'라는 생각을 해요. 그럴 때는 나도 내 새끼하고 힐링은 필요한데, 내 새끼를 봐야 하는데 그것도 아닌 거 같고, 못하고. 그러고 계속 이걸 하는데 주변에서 좋지 않은 소리도 나오는 거 같고, 그럴 때는 약간씩은 후회를 하죠, 자체를. 활동을 하면서 '좀 쉬어볼까?'도 생각을 하고. 굳이 활동을 하면서도, 그니까 공방에서 활동을 하면서 "저 사람들은 맨날 저것만 만들고 있어" 사실 그건 아니었는데.

공방이라는 목적 자체가 시간을 같이, 얘기하면서 시간을 보내는 과정이잖아요. 맨날 집에 있을 수는 없고 나와서 분향소 지키고, 서로서로 얘기하면서 우리들만의 치유하는 공간이라고 봐요. 남이 해주는 게 아니라 우리만의 공간이라고 보는데, 그런 과정에서 열심히 활동도 하고 나름대로 일도 하고 그런데, 그니까 주변에서 가끔 "저 사람들은 맨날 저것만 만들고 앉아 있고" 그런 안 좋은 소리도 하니까. 그런 거가 조금 듣기는 싫더라구요. 하다 보니까, 내가 안 나가면 누구든 하긴 하겠죠. 근데 맡은 게 있다 보니까 그것도 해내야 하고. 그리고 사실 그게 나한테는 힐링이었기 때문에. 만들어서 이렇게 나눠주고, 왜냐면 만들면 꼭 판매만 하는 게 아니라 어디 도움 주신 분들 드리기도 하고 그러니까. 드릴 게 없잖아요, 뭘 사서

드리기도 뭐하고, 그니까 그런 거 하면서, 그런 일을 하면서 저 나름 대로 약간의 힐링은 되는데 주위에 말들이 가끔 한 번씩은 '내가 지 금 뭐 하고 있나' 회의가 오게 하더라구요.

면담자　　공방에서 역할이나 활동은 운동뿐만 아니라 힐링과 결합되어 있는 거니까, 놓을 수도 없는 거죠?

경미 엄마　　그렇죠, 만약에 공방이 없었으면 사실 '온마음'도 가기 싫고, '온마음' 가면 맨날 거기만 와서 힐링만 하시는 분들 계시니까 보기도 싫고. 제가 사람인지라 그렇더라구요, 이왕이면은 가더라도 진짜 필요할 때 와서 같이해 주고, 필요할 때 거기서 힐링하면은 '온 마음'을 뭐라고 안 하는데, 활동은 안 하는데 거기 가서 마사지받고 요가하고 하루 종일 있다가 집에 가고. 우리는 맨날 길바닥에서 싸 우고 있는데 이런 게 그랬어요, 그 당시에는. 그러기도 하고 삼천포 로 빠지려고 그래, 나(웃음). 그래서 공방이 우리한테는 필요했던 거 고, 나한테는. 그리고 처음 취지대로 공방 같은 경우는, 우리 공방 언니들도 모든 프로그램은 공방으로 오고 싶어 해도, '온마음'에서 안 해주는데, 왜냐면 우리는 이 분향소를 지켜야 된다는 생각을 하 거든요, 아직 있는 동안은. 얘들만 있는 것보다는 사람이 북적북적 하고 그런 공간이길 바래요, 이 공간 자체가.

근데 사람들이 안 나와버리니까. 다른 데로 다 힐링하러 가고 뭐 하고, 나오지도 않고 그런 공간이 되다 보니까, 어떻게 하다 보니까 항상 있는 사람만 계속 있고. 지금은 그러네요. 그래서 올해는 새로 운 사람을 뽑아보려고 하는데 모르겠어요, 오실지 안 오실지.

면담자   경미 어머니에게는 가장 중요한 곳이 공방이네요. (경미 엄마 : 공방. 내가 숨을 쉴 수 있게 한 공간이니까) 그리고 공방 활동의 포인트는 공간을 지켜야 한다는 건가요?

경미 엄마   그렇죠, 애들도 지키고. 왜냐면 애들이 거기에 있기 때문에. 만약에 애들이 없고 그것만 있었으면 사실 아무런 의미가 없어요. 장소 자체가 의미가 없는데, 애들이 있으니까. 그니까 애들이 있는 곳은 부모인지라 이게 의미가 남달라요. 팽목이나 광화문도 그렇고 애들이 있잖아요. 전체 애들이 다 있기 때문에 그런 공간들은 좀, '우리 부모들이 약간은 지켜야 되지 않나' 생각을 해요.

4
지난 3년 동안 4·16 활동에서의 어려움

면담자   활동 중 가장 힘들었던 점은 어떤 건가요?

경미 엄마   가장 힘들게 했던 점이요? 힘들었던 거는 답답함이라고 해야 되겠죠. 왜냐면 저희가 청문회도 가보고 국회도 가보고 어디도 가보고 해도 답을 안 주니까. 재판을 가고, 광주 재판을 가도 얘네도 마찬가지였고, 그니까 모른다는 거, 아직도 우리가 지금도 계속 활동을 하고 있지만, 다른 선체 조사가 생기고 특별법 생기고 해도 가서 들어도 사실 결론이 안 나고 "맨날 해수부 자료를 안 줍니다" 그런 소리만 들었기 때문에 진척이 그닥 없었던 거 같고. 그니까 말대로 저희가 촛불집회 하고, 박근혜 탄핵시키고 이런 과정에서 사실 바라진 않았어요. 문재인이 대통령이 됐다고 해서 이게 바뀌지는 않는데 이렇게 안 바뀔지는 몰랐죠. 왜냐면 아랫사람들은 똑같기 때문에, 똑같더라구요, 항상. 지금도 마찬가지 옛날이랑. 대통령만 바뀌었지 누구 하나 자료 줄 사람도 없고 그니까, 그런 걸 보면서 가장 갑갑한 거. 그게 가장 짜증 나고 그런 거죠.

다른 거는 모르겠어요, 삶의 질이 떨어진 거? 옛날 같았으면 애가 있었으면 즐거웠을 일들이…. 사실은 지금은 집에서 웃음이 사라졌어요. 그리고 할 얘기가 없어졌어요, 남편하고도 할 얘기가 별로 없고, 옛날처럼 이렇게 하하호호 살지는 못하는 거 같아요, 그것도 아쉽고. 만약에 경미가 있었으면은 때 되면 놀러도 갈 테고, 때 되면 항상 그래 왔으니까. 여름휴가도 갈 테고, 쉬는 날 있으면은 놀러도 갔을 테…, 근데 지금은 그런 걸 아예 안 하고 있다고 보죠. 저희 신랑하고 차이점이, 저는 움직이기가 싫어요, 어디 놀러 가는 거 자체가. 지금 그걸 보면 자꾸 애 생각나니까. 근데 우리 신랑은 "그래도 ○○를 위해서 좀 봐야 되지 않냐" 그런 게 있어서 갭이 있더라구요, 신랑하고 나하고는. 그래서 작년에 ○○를 데리고 저기 가자는 거야, 오사카를 가자는 거야, 애가 좋아하니까. 근데 나는 못 가겠는 거예요, 이게. 그니까 애가 그때 신랑이 □□에 있을 때 □□ 갔다 와서 그런 거를 좋아하니까.

그걸 떠나서 자기 약간 쉬는 날이 있으니까, "가면 안 되겠냐"고 그러는데 (한숨을 내쉬며) 못 가겠는 거예요, 그게. 그래서 결론은 나 빼고 둘이 갔다 왔는데, 서운하기도 하고 미안하기도 하고. 서운한 거는 경미가 없으니까. 미안한 거는 ○○한테 미안한 거죠. 옛날 같았으면 재밌게 갔다 왔을 텐데 그걸 해주지 못하니까. 아이고, 또 눈물 나. 그 3년 동안 모든 가정이 다 비슷할 거예요. 나만 그런 것도 아니고, 특히 신랑하고, 남편하고의 대화 자체가 재미가 없으니까. 사는 게 재미없다 보니까 예전처럼 웃지도 않고. 그렇다고 해서 성격이 활달한 성격이어서, 애교가 성격도 아닌데 이 일로 인해서 더 말이 없어졌다고 보는 게 맞죠. 그니까 그런 게 미안한 거 같아요. 우리 신랑한테도 미안하고. 이게, 안 되니까. 내 감정이 안 되니까 내 삶이 팍팍해진 거. 3년 동안은. 앞으로도 마찬가지, 이게 지속형이라는 게 화가 나요.

그런다고 해서 애가 돌아오는 것도 아니고 저긴데, 앞으로도 즐겁거나 그런 날은 없을 거 같아요, 내가 경미한테 갈 때까지는. 그니까 그러면서 미안한 게, ○○한테 미안하다 생각하는 게 ○○도 내 자식인데, 그니까 걔를 위해서 살아야 되는데 그렇게 재밌지가 않다는 게, 그니까 ○○한테 가장 미안해요, 지금은. 신랑이야 알아서 하면 되는데…. 3년 동안 (한숨을 내쉬며) 그만 울어야지(한숨).

면담자　　　서서히 나아지신 거예요, 아니면 더 막막한 거예요?

경미 엄마　　나아지는 것도 없고, 막막한 것도 없고 그냥 그때 그대로인 거 같아요, 제 생각에는. 그니까 모르겠어요, 자식도 여러 가지 자식이 있잖아요. 근데 사실 저 같은 경우는 경미 하나만 낳고 안 낳으려고 했었거든요. 그래서 ○○가 늦어요. 그렇기도 했고 경미는 나하고 똑같은 경향이 있는 애라 내가 의지를 너무 많이 한 거 같아요, 애한테. 항상 그러다 보니까 걔랑 추억이 더 많잖아요. 옛날에

경미 엄마 전수현

도 그렇고. 근데 그런 게 (한숨을 내쉬며) 속에서 자꾸 더 생각이 나니까, 가면 갈수록 ○○가 커가는 과정이 경미의 전철을 밟는 거니까. 근데 닮아가요, 너무 닮아가. 생김새부터 하는 행동까지 닮아가는데 그럴 때는, 그니까 내 자식이니까, 똑같은 내 자식이니까 그렇긴 한데 더 그리운 거 같아요. 걔를 보면서 재미난 행동을 하면 옛날에 둘이 웃겨준다고 앞에서 엉덩이춤 추고 그랬었거든요, 둘이서. 그런 거를 가끔 ○○가 해요 하는데, 그거를 하하호호 해야 되는데 더 애가 더 그리워지는 거예요, 그 과정이.

미안한 게 해결될 수 없는 거기 때문에 그런 게 그래요, 사는데. 그니까 앞으로도 (웃으며) 계속 이렇게 살아야 되지 않을까. 그건 뭐로도 채울 수 없는 거니까. 그냥 사는 건데 우리 엄마들이 초창기에 그랬었어요. "우리는 죽지 말자, 이 진상 규명될 때까지 꼬부라지고 지팡이를 들더라도 진짜 목숨을 단단히 잡고 갈 때까지 가보자" 이런 말도 있었는데, 왜냐면 진짜 이러다가 어느 순간에 내가 죽을 수도 있다는 생각이 자꾸 드니까. 그런 거는 그렇더라구요. 지나면서, 그니까 내 스스로의 삶을 마감하는 건 없는데, '길게는 가는데 빨리 가면 더 좋고' 그런 생각을 했었어요, 옛날에. '그냥 아파서 빨리 갔으면 좋겠다. 나도 모르게 갔으면 좋겠다. 그냥 빨리 경미한테 갔으면 좋겠다. 그럼 만날 수 있겠지…' 그런 생각도 했었는데…. 그니까 이런 게, 다른 애를 잃어보지 못한 부모들은 이런 마음이 없을 거예요, 모를 거야. 하하호호 하는데 항상 그립고 이게 한쪽 가슴이 뻥 뚫린 기분이니까. 좋은 일이 있더라도 그때뿐이고. 그냥 앞으로도 진행형이다 보니 좀 그래요. 나만 이런 게 아니라 모든 부모들 얘기를 하다 보면, 욱하는 그게 워낙 많이 올라오다 보니까 가만히 있다가도 생각나고 TV 보다가도 생각나고 이러니까. 나만 겪는 게 아닌데, 그래도 어쩔 수가 없는 거 같아요(한숨).

면담자　　　다른 부모님들 이야기 들어보는데, 남은 아이는 살아야 하니까 힘을 내려고 하는데 그 과정에서 또 남아 있는 아이랑 부딪치게 된다고 하시더라고요.

경미 엄마　　　비교가 되는 그런 거겠죠. 근데, (면담자 : 남은 애는 살아야 되잖아요) 그렇죠. 그니까 애한테는, 저는 그거에 대해서 하지 마라 그런 거는 없어요. 그리고 다행인 게 ○○ 같은 경우는 너무 어렸지만은 그래도, 어리다 보니까 잘 이겨냈어요. 그니까 이 우리 집에 들어오면 경미 영정 사진이 있고, 모든 경미 사진이 거실에 다 나와 있어요. 나와 있는데 항상 ○○는 애들을 데려와서 집에서 놀아요, 친구들을. 나 유가족이란 말은 안 하고 데려와서 과정을 보여주는 거예요. 근데 저는 그걸로는 애한테 고마운 거죠. 애가 꿍 안하고 그래서, 왜 이런 얘길 하지(웃음). ○○는 그냥 요즘은 고마운 거 같아요, 애가. 지금도 마찬가지이고. 그니까 물어봤었어요, 한번은. "언니 사진 이렇게 밖에 다 나와 있는 거에 대해서 어떻게 생각하니?" 괜찮다고 하기도 하고. ○○하고 초등학교 때 얘기를 했었어요, 언니에 대해서. "우리 언니 있는 것처럼 얘기하면서 지내자" 저도 그러기도 하고, ○○가 우리 경미하고 차이가 워낙 많이 나다 보니까.

면담자　　　몇 년 차이였죠?

경미 엄마 □년 차이. 옷이 안 맞잖아요, 근데 지가 몇 개 남겨놓은 게 있잖아요. 지가 입어요, 그냥. 스스럼없는 게 난 정말 ○○한테 너무 고마운 거예요. 이거를, 다른 집 애들 보면 되게 싫어하고, 말하는 자체를 싫어하는 사람도 있고. 여러 가지, 애들이 경향[성향]이 있더라구요. 다행인 게 ○○는, 그니까 경미하고 ○○하고 성격이 워낙 달라서, 얘는 외향적인 애라 그런 거에 대해서 별로 크게 상처도 안 받고. 그리고 친구들한테도 잘 지내고, 그래서 뭐라 할까, (면담자 : 언니에 대해서는 뭐라고 그래요?) 언니요? 언니, 대충 얘기해요. 맨날 "아, 이거 언니가 좋아했던 건데" 그냥 얘기하다가 "야, 언니는 저거 잘했었어", "왜 못하니" 그러고. "나도 언니 따라 기타나 배워볼까?" 이러기도 하고, 자연스럽게 언니에 관해서 얘기를 해요. "언니는 어떻게 했을 건데…" 지 나름대로는 크는 과정에서 좋은 점만 그렇게 했겠죠. 다행인 건 그나마 세월호에 관해서 거부감도 없고, 친구들도 워낙 친화력이 좋아서. 와서, 그니까 일부러 제가 그랬어요, ○○한테 "친구들 데려오라"고 "집에서 놀라"고 왜냐면 내가 집에 없는 시간이 더 많으니까.

그래도 영정 사진 보고 하면서도 애들이 다 친하게 지내고, 이번에는 중학교 친구가, 걔네가 □□초에서 왔으니까 처음 보는 거잖아요. 얘는 □□[초] 다녔는데, 그니까 어떻게 ○○가 얘기를 했겠죠. 얘기하는 과정에서, 점심 차려주고 설거지하고 있는데 걔가 와서 그래요. ××가 와서 저기 도와, "아줌마, 도와드릴까요?" 그러면서 옆에서 "저는요, ○○는 언니랑 □년 차이 나죠? 저는 언니랑 8년 차이 나요" 이러는 거예요. 그니까 그 말이 너무 감동스러운 거예요.

'아, 우리 ○○가 이렇게 얘기를 했고, 얘는 그거를 아무렇지도 않게 받아들이는구나'라는 생각이 들어서 너무 고맙더라구요. 근데 얘 친구 부모님도 마찬가지이고, 굉장히 좀 깨어 있는 사람들이 많더라구요. 다행인 게 얘들이 우리 집 와서 자도 뭐라고 안 하고, 다들 알겠죠. 왜냐면 가서 얘기를 하니까, 왜냐면 우리 집 상황을 보이니까. 그런 거는 요즘에는 ○○한테 고맙고, 바르게 커줘서 워낙 틀려서 경미하고 성격이. 얘는 지금 화장하고 다녀요.

면담자　　　어려서도 잘 극복했고, (경미 엄마 : 그렇죠) 타고난 성품도 있겠죠?

경미 엄마　　그렇죠, 아예 그런 게 없었으니까 얘네는, 얘밖에 없었어요. 근데 너무 어리다 보니까, 사실 보통 얘들이 터울이 2, 3년 차이 나지 □년까지 잘 안 나니까. 그리고 학교에서 얘 혼자밖에 없었고. 그런데도 초등학교 때 잘 지낸 거 같아요. 선생님도, 선생님들도 굉장히 처음에 사고 났을 때 호의적이셨고. 그러다 보니까 그나마 잘 극복하고. (면담자 : 다행이네요) 다행스러운데, 가끔은 서운할 때도 있어요. "쟤는 언니를 잊었나?" 맨날 '방탄[방탄소년단]' 얘기만 하니까(웃음). 방에 들어가서 잘 안 나오려고 하니까, 그런 거 외에는.

5
시민과 가족으로부터 받는 위안

면담자　　　그럼 3년간 본인 스스로 나름대로 위안을 받았던 것

경미 엄마 전수현

들은 어떤 거예요?

경미 엄마   위안이 되었던 거요? 위안이라고, 위안, 그 활동을 하면서 시민들을 만나면서, 뭐였냐면 시민들이 막 욕할 때도 있지만 강사로 내가 수업을 나갔어요. 나가서 한마디씩 좋은 말 했을 때. 좋은 말이라는 게 뭐냐면 관심을 가지고 "함께하겠습니다"라든지, 뭐라 하죠? 지지한다는, "니네들 다 뭐 보상받아 놓고 뭐 하는 짓이냐?" 그러는 사람들 워낙 많으니까. 반면에 도움을 주시는 분들도 많잖아요, 그런 한마디, 한마디가. 사실은 나가면서 울컥은 하는데 '아, 그래도 아직은 저런 사람들이 있기 때문에 우리가 있을 수 있다'는 생각. 그럴 때는 약간 위안을 받죠. 그분들한테 제가, 지금은 위안받고 그럴 데는 사실 거의 없죠, 그거 외에는 뭐, 애 크는 거는 애 크는 거고, 그냥 사는 건 사는 거고, 그런 거라. 그닥 위안받고 그런 거는….

면담자   시민들이 해주는 말 중에 기억에 남은 말이 있나요?

경미 엄마   들으면 다 까먹어요. 그니까 똑같은 거 같아요. 항상 처음에 얘기했던 것처럼 "잊지 않겠습니다" 근데 그런 말들이 한 번에 끝나는 게 아니라 꾸준히 활동해 오시는 분들이 있어요, 항상. 그런 분들에게 위안을 받는 거죠. 일회성이 아닌 지속적으로 항상, 근데 되게 열정적이고 열심히 하시고. 사실 우리보다 열심히 하시는 분이 되게 많아요, 보면. 그니까 자기 생활하면서 나와서 몇 시간이라도. 그니까 꾸준하다라는 거 있잖아요. 잊지 않고 꾸준히 조금씩 활동하다 보니까, 가면 맨날 보는 사람 있잖아요. 맨날 보는 사람들,

그런 사람들한테, 그분들이 항상 잊지 않겠다는 그런 말씀들 많이 해주시고 하니까.

면담자   우리 가족만 활동하는 것이 아니라는 걸 알게 해주는 사람들이군요?

경미 엄마   네, 그렇죠. 지지도 하고 그러면서 저희는 위안을 삼죠.

면담자   가족이나 친지들, 이웃들한테서 위안을 받는 경우도 있을까요?

경미 엄마   항상 이렇게 있어주는 것만으로도 위안이죠, 그거는. 그냥 생각해 주고, 그런다고 해서 뭐 하고, 저기만 위안이 아니라 항상 경미 생각해 주고, 같이. 네, 그니까 같이 모여서 항상 얘기할 수 있고, 경미에 대해서 이야기할 수 있고 그러니까, 가족들은 그런 거 같아요. 내가 경미 얘기를 해도 들어줄 수 있는 사람들. 근데 사실 계속 만나는, 지금은 친구들 아예 안 만나니까. 친구들 같은 경우는 같은 애를 키우는 사람들이잖아요. 그러다 보면은 내 새끼만 얘기할 수 없잖아요, 경미 얘기를 할 수 없는 거니까. 근데 가족들은 아니니까.

면담자   친구들을 안 만나게 되는 계기가 있었나요?

경미 엄마   이후에 위로한다고 얘기를 하는데, 그 사람들이 물어볼 사람이 없으니까 나한테 물어봤겠죠. 당시에 한창 "10억이 나온다"느니 그런 소리가 돈 적이 있어요, 2014년에. 그때 딱 그 얘기를 물어보는 거에요, 친구가. 지는 궁금하니까 물어봤겠죠. 근데 '아,

이 사람들은 그게 궁금하구나. 많이 궁금했구나' 내가 그러면서 맨날 전화 오면 "나 바빠, 어디 가야 해" 그러기도 하고. 사실 만나서 얘기를 하고 싶지 않았어요. 왜냐면 집 애들, 한창 경미 나이 또래면, 거의 비슷한 또래 애들이 있는 부모들을 만나니까 애들 커가는 입시면 입시 얘기해야 하고, "야, 어디 학교 좋다더라" 그런 얘기 해야 하는데, 그 사이에 내가 가서 민폐일 수도 있고, 편하게 말을 못할 수도 있잖아요, 이 사람 자체들이. 그러다 보니까 "나 바빠" 그런 식으로 피하기도 하고, 그 사람들도 피하기도 하고 그리고 만날 시간 자체가 아예….

6
스스로 느끼는 고립감

면담자　4·16의 경험이 세상을 보는 관점 또는 삶에 대한 태도에 변화를 가져왔다고 생각을 하시는지요?

경미 엄마　그니까 좋게든 나쁘게든 변화하죠. 4·16[으]로 인해서 가정이 삭막해진 거. 4·16[으]로 인해서 사회에 대해서 좀 더 많이 생각한다는 거, 변화는 많이 해왔죠. '만약에 4·16이 없었으면 나도 평범한, 다른 엄마들하고 같이 그런 사람이었을 텐데…' 뭐랄까 고립된다, 고립됐다는 느낌을 받는다고 하나요. 왜냐면 맨날 같은 사람들 모여서 얘기는 하지만 그걸 벗어나고 싶지가 않은, 왜냐면 무서워요. 다른 사람하고 어떻게 얘기를 해야 하며, 그니까 만약에 우리한테 관심을 가지시는 분들은 얘기하고 하면 되는데 관심도 안 가지…, 별로 없으신 분들은, 그니까 얘기를 했을 때, 반응이 왔을 때 어떻게 설득해야 하고 그런 생각을 하면 사회에 들어가고 싶지 않은, 그런 마음이 더 많아지는 거 같아서, 좀….

면담자   전에 내가 속해 있었던 곳에 가고 싶지 않은 거군요.

경미 엄마   그렇죠, 지금은 약간의 고립 아닌 고립 같은 생각이 들어요, 내 자신 자체가. 옛날처럼 사람들 만나서 와자지껄 웃고 떠들고 일상적인 대화 자체가, 요즘은 시도도 안 해봤고, 안 해보려고도 하고. 삭막해졌다고 해야 하나요, 4·16 이후로는 많은 생각을 못하는 거 같아요. 오로지 여기, 애[만 생각하는 것 같고]. 많이 변했어요, 사는 게.

면담자   한편으로는 사회문제에 대해 더 관심을 갖게 된 측면이 있고, (경미 엄마 : 좀 더 관심을 갖게 된, 예) 개인 삶에 있어서는 활동 폭이 축소된 거네요.

경미 엄마   그런 거 같아요, 예전 같았으면 친구도 만나고 나이, 애가 커가면은, 만약에 ○○ 같은 경우에도 ○○ 커가면서 학교 다니면서 보통 애들, 학부모 회의하고 하니까 모이면서 관계가 쌓여가잖아요. 근데 사실 ○○한테 미안한 게 경미한테는 했단 말이에요, 그 관계를. 애 커가면서, 애 학부모들 만나서 얘기하고, 밥 먹고 애 지나가는 얘기하고, 지금 돌아가는 얘기하고 그랬었는데, 사실 ○○한테는 그걸 아예 안 해줘요. (면담자 : 학부모 회의도 안 하시고?) 안 가요, 가기가 싫기도 하고 학교를 가면 막 두근거려. (면담자 : ○○

학교를 가도?) 가도, 학교만 가도 화가 치밀어 오르니까. 그니까 학교는 거의 못 가는 거 같, 졸업식 한 번 갔던 거 같아, 애 졸업식 (면담자 : 초등학교?) 네, 애 전학시키면서 한 번 가고, 졸업식 때. 못 가겠어요, 학교를. 눈물이 나서 못 가겠어요. 애를 바라보고 있으면 제가 자꾸 눈물이 나니까 못 가겠더라구요, 그 학교 자체를. 그러면서 사실 ○○에 대해서든, 학부모들하고 거의 이제 왕래를 안 하니까, 그렇게 됐어요.

면담자   학교가 어머니한테는 트라우마가 있는 곳이 되어버렸네요.

경미 엄마   그렇죠, 경미가 학교를 갔다가 가버렸기 때문에 그 뒤가 없잖아요. 그니까 학교를 가면 답답해요. 자꾸 학교를 보면 눈물이 나서. (면담자 : 학교만 봐도요?) 그렇죠, 학교를 그런 의미가 아니라 학교를 가서, 그 ○○가 수업을 받고 있거나 활동을 할 때면 눈물이 나더라구요, 이게. 그래서 갔다가 화장실 가서 울다가 오고 그러는데, 그니까 또 ○○한테 미안한 것만 얘기하네.

면담자   안산이라는 도시나 이웃과의 관계에 있어서도 4·16 이후에 생각이 바뀌셨나요, 어떠세요?

경미 엄마   여기 시민들이요? 이웃 사람들하고 관계는 사실 그 전에도 아파트 살았긴 했지만 왕래하고 그러진 않았기 때문에…. 지금도 이사를 가서, 앞에 누가 사는지도 몰라요, 안 나가니까. 나가고 싶지도 않고, 사람들하고 만나고 싶지가 않으니까. 이웃하고는 거의 대화 자체를 안 하죠, 안 하고 그나마 우리가 대화하는 사람들은 우리 가족들하고, 가끔 수업을 나가니까 그분들하고. 그 외에는 거의 얘기를 안 하는 거 같아요. (면담자 : 이전에도요?) 그 전에는 이렇게까진 안 했죠.

면담자　　안산시나 시민들에 대해서는 어때요?

경미 엄마　　그니까 뭐냐면, 저희 추모공원 진행하면서, 우선은 안산시에서 잘 안 해주니까, 특별법상 제정되어 있다는데. 그 사람들도 한편으로는 그렇겠죠, 우리만 시민이 아니라 이 시민들도 의견을 받아야겠죠. 그러기는 하는데, 그냥 저의 서운함. 안산 이 자체에서 250명이 사라졌는데, 어느 한순간에. 이 공간에서 사라졌잖아요. 근데 내 자식의 친구일 수도 있고, 내 친구의 딸내미일 수도 있고, 그니까 한 집 걸러 다 아는 사람들인데. 그때는 처음부터, 처음에는 "잊지 않겠다"고 끝까지, 진짜 애도하고…. [하지만] 그 기간이 딱 지나니까 그런 것보다는, 항상 들리는 소리가 학교도 마찬가지이고, 중앙동 옛날에 소상공인들 지원하고 했는데, 결론은 "우리 때문에 장사가 안 된다" 이런 말만 하시고 그러니까 속상하더라구요. 그러기도 하고, 하루는 저기 우리 추진하면서 11단지, 14단지 전부 다 하늘공원 납골당 반대하고 플래카드 적어놨는데, 왜냐면 거기에 살던 애들이 다 갔거든요, 사실. 그 동네, 이 동네하고 거의. 사람들이야 자기네 집값 떨어질까 봐 그런다 하는데, 좀만 (한숨을 내쉬며) 그런다고 그 사람들한테 강요할 수는 없는 거잖아요.

　　근데 만약에 '내가 그 상황이었으면 어떨까'라는 생각도 하긴 해요. 그니까 자기는 자기 재산 지키려고 그러는 거고, '지금 좀만 이

사회에 대해서, 왜 이 일이 이렇게 해서 났으며 이런 걸 알면 저러진 않을 텐데…'라는 생각을 하긴 해요. 그 사람들도 만약에 이게 생김으로써 더 이상은 그 자식들, 그 사람들 자식들이 겪을, 앞으로도 트라우마가 있겠죠. 왜냐면 지금에야 "하하호호" 하지만, 이 일이 없어지는 게 아니기 때문에. 항상 나오면 "아, 그때 내 친구가 갔어" 근데 결론은, 뭐든 다 지워놔 버리면은 애들도 허무할 거 같아요. 여기 지금 사는 애들조차도. 만약에 가깝게 있으면 추모도 하지만 더 발전할 수 있는 계기가 있다고 하는데 그런 것도 생각을 안 하고, 자기의 자식이, 친구를 떠나보낸 그 자식이 이런 트라우마를 많이 벗어날 수 있는 그런 공간이 되지 않을까 생각을 하는데, 그 사람들은 그걸 생각을 안 하고 그런 걸 보면 가슴이 아프긴 한데, 이걸 어떻게 해야 할지 모르겠어요.

면담자   답답함으로 남는 거네요.

경미 엄마   그렇죠, 그니까 저희 경미 같은 경우에는 서호에 있잖아요. 서호나 효원 같은 경우는 평택하고 화성에 있으니까, 가끔 하늘공원하고 가까우니까 친구들도 갔다 오고 그러나 봐요, 버스도 있으니까. 근데 가고 싶어도 사실 애들이 못 가거든, 멀리 있어 가지고. 그래서 가끔은 경미 생일날이나 그때 얘기해서 애들 데리고 갔다 오고 해요. 그니까 애들도 커가면서 이런 일이, 그니까 보고 싶을 때도 있을 테고, 그럼으로써 이 사회가 변했으면 애들도 트라우마 같은 거. 왜냐면 처음에 일 나고 정부의 불신이 되게 많았잖아요. 근데 계속 그게 까발리고 있는 상황이잖아요. 근데 바뀐 것도 없고, 말한 대로 유죄도 다 풀려나고 뭐 하고, 근데 '이게 밝혀짐으로써, 밝혀지고 애들이 여기 있음으로써 사회가 발전할 수 있는 계기가 되지 않을까'라는 생각은 하는데, 그니까 나, 우리가 살려고 그런 것도 아닌데, 그런 마음을 알아줬으면 좋겠는데 이 주민들이 쉽지가 않아요, 무조건 납골당이라고 생각을 하니까.

면담자　　　그런 사람들과 한 공간에 살기 싫지 않나요? 답답하고? (경미 엄마 : 그렇죠, 답답한 거 있죠, 서로 입장이 다르니까) 그때 사건이 나기 전에 일주일 정도 직장을 다니셨다고 그러셨죠? (경미 엄마 : 3주) 3주 정도. 혹시 이후에 직장에 복귀해 보겠다는 생각은 전혀 해보신 적이 없구요?

경미 엄마　　　네, 왜냐면 바빴잖아요. 3년 동안 직장을 갈 수 있는 여건도 안 됐고, 사실 나이가 있다 보니까 그것도 어렵게 나이 제한이 없어서 간 건데, 나이 오십이 다 되어가는데 써주는 데도 없고. 그리고 아까 말한 것처럼 사람 만나는 게 너무 두려워서. 특히 일하시는데 가면 그런 말을 워낙 많이 들어서. 그니까 관심도 없고, 자기는 살기 바쁘다고 관심 없다 그러고, 하기도 하고 좋은 말들을 안 하서가지고. 그리고 갔던 사람들 얘기 들어봐도 다시 그만두더라구요. 너무 힘들어서. 그 말들이, 특히 아버님들이 자기 직장으로 돌아갔다가 술 한잔 먹고 막말하시는 분도 계시고. "너는 그 돈 받아서 뭐 하려고 돈을 또 버냐?" 그런 식으로 얘기하는 사람들도 있고 그러다 보니까 다시 그만두시고, 딴 직장을 다니시는 분도 계시고. 그런 데서 상처를 받으니까. 가까운, 여태까지 동료들한테 상처받고 그게 많더라구요. 많기도 하고 우선 체력이 안 따라줘요. 가서 몸으로 싸우라 그러면 싸우겠는데 일은 안 되더라구요. 이게 집안일도 마찬가지이고. 예전과 너무 달라진 게 잘 안 해요. 옛날 같았으면 진짜 우리 애들 등뼈찜 좋아하니까 등뼈 사다가 해, 김치 넣고 해주고 그랬는데, 안 해져요. 그거 먹자고, 먹을 사람도 없고. 잘 먹던 애가 없으니까 안 해지고 그래서(한숨).

면담자 　　　집안일이나 직장일을 하고 싶지 않은 거네요.

경미 엄마 　　　생각이 떨어져 버린 거죠. 그니까 무기력해졌다고 그래야 하나요, 이게. 그리고 직장을 나가서 다른 사람을 만나기가 싫어요, 사실. 이게.

면담자 　　　사건 이후에 돈에 대한 생각도 많이 달라지셨나요?

경미 엄마 　　　아, 그 전까지만 해도 열심히 살았죠, 그냥 벌어서, 저축해서 어떻게 살아야겠다. 근데 모르겠어요, 지금 돈이 있더라도 그게 내 돈이 아니기 때문에 굳이 써야겠다 말아야겠다 그것도 없는 거 같고. 그닥 돈에 대한 개념이…, 상실한 거 같아요. 제가 지금 봐서는 예전보다는 풍족해졌겠죠. 풍족해졌다 해서 우리가 흥청망청 쓸 게 아니기 때문에, 그니까 좀 그래요. 그 사람들 딱 봤을 때 "쟤는 돈이 많아서 좋겠다" 또 "배상금, 보상금 많이 받아서 좋겠다" 그렇게 하는 거 같기도 하고. 그니까 '돈이 있으면 뭐 하나, 애가 없는데…' 그런 생각이 더 많아서, 모르겠어요, 돈은 진짜 모르겠어요, 요즘은.

면담자 　　　경미 어머니는 종교가 없다 그러셨잖아요. (경미 엄마 :

예) 종교에 의지하고 싶은 마음은 없으셨어요?

경미 엄마   종교가 옛날에는 있었죠, 기독교가 있었죠. 근데 고등학교를 기독교 학교를 다니다가 부흥회 때 목사님이 불교 비판해 가지고 "나 이제 기독교 안 할 거야" 그래 가지고 그다음부터는 안 다니는데, 저희 엄마가 권사님이시니까. 근데 지금은 더 좋아하지 않아요, 종교를. 왜냐면 저희 일 겪으면서 기독교나 워낙 안 좋은 일이 많아서 종교에 대해서는 관심이 없어진 거 같아요.

면담자   한국 사회에 대한 관심은 많아졌다고 얘기하셨잖아요, 어떤 분야에 특히 관심이 가시나요?

경미 엄마   그니까 사회에 관심. 이때까지 정치에 대해서도 몰랐잖아요, 몰랐었는데 옛날 같았으면 이재용이 (한숨) "또 그럼 그렇지" 이러고 넘어갔을 텐데, "이건 왜 그러지? 이건 참 적폐야" 이런. 그니까 정치적인 것도 마찬가지이고, 지금에서야 조금씩 조금씩 파헤쳐 나오잖아요. "다스 누구 거냐?"부터 시작해서 그런 거 찾아보게 되잖아요. 옛날 같았으면 알아서들 하겠지, 굵직한 것만 보는데, 지금은 이게 있으면 페북[페이스북]이든 인터넷이든 찾아보는, 찾아보기도 하고 같이 얘기하기도 하고. 그게 변화겠죠, 옛날에는 관심도 없었던 것이. 그러면서 아직은 활동을 저희 활동만 하니까, 근데 다 그래. 이 일이 끝나면 우리도 그런 데 봉사를 가든가, 그런 얘기를 하는데, 그러면서 변한 거죠. 이 사람이 삶이 조금. 그니까 재밌게 변한 게 아니라, 몰랐던 게 알게 됨으로써 더 관심도 갖게 되고, 그리고 우리가 받았던 게 있잖아요, 이때까지. 팽목부터 시작해서 내가 여기 겪어오면서 시민들이 이렇게 우리한테 해줬던 봉사활동 같은 경우 옛날 같으면 생각을 안 했겠죠.

근데 저희가 항상 하는 얘기가 그래요. "이 일이 해결되고 그러면 우리도 진짜 저렇게 봉사도 하고 다니고 그러자, 그래서 얼른 몸 추스르고 하자" 그런 소리를 하거든요, 부모들끼리 앉아서. 근데 그날이 와야 하는데 모르겠어요, 빨리.

면담자   사회적 관심은 굉장히 넓어졌네요.

경미 엄마   그렇죠.

7
시민들로부터 받은 만큼 돌려주고 싶은 마음

면담자   가장 걱정이 되거나 또는 고민이 되는 점은 어떤 게 있으세요?

경미 엄마   걱정되는 거요? 너무 길어질까 봐 걱정되고. (면담자 : 어떤, 어떤 것이 길어질까 봐?) 이 일 자체가, 진실 규명하는 그 자체가 더 많이 길어질까 봐, 고민되고 걱정되고. 우리 아이들 못 모일까 봐. 걱정되고 하고는 있지만 워낙 반대들이 많다 보니까 그거를…. [추모 사업이] 마무리되지 못하고, 그니까 방법이 만약에 안 된다고 하더라도 그 대안도 있어야 되고 어떻게든 모여야 되잖아요. 근데 아직은 그런 게 없는 거 같고. 불안하기만 한 거죠, 그런 거에 대해서 그래요.

면담자   남은 삶에서 추구하고자 하는 목표가 있다면, 어떤 게 있으실까요?

경미 엄마   목표요? 목표라기보다는, 사실 목표도 없고 사실 저기는 없는 거 같아요, 삶에. 내 삶에. 지금은 내가 할 수 있는 거 투철하게, 진짜 그게 많아서 이걸 시작한 게 아니었기 때문에. 다른 사람 듣기에는 옹졸할 수 있는데 내 자신을 위해서 시작한 거기 때문에 모르겠어요, 아직은. 내가 어떻게 변할지도 모르겠고. 마음가짐은 항상 부조리한 이 사회가 잘 나갔으면 좋겠고, 거기에 나는 하나의, 만약에 필요하면 가서 도움 될 수 있는 그런 사람이 됐으면 좋겠고. 그런데 그런 역량도 안 되고 그러다 보니까 모르겠어요. 내가 지금 이 상황 자체를. 그니까 앞으로 어떻게 살아갈 답이 없어요. 그냥 살아가는 거지 답이 없는 거 같아.

면담자   진상 규명, 추모공원 문제가 해결이 된다면 그다음에는 무엇을 하며 살고 싶으세요?

경미 엄마   해결이 된다면 아까 말한 것처럼 저희 봉사도 하고 그러면서 사회로. 그게 생기고 여기가 활성화가, 이 사람들도 약간의 생각 방식이 틀려질 거 아니에요. 그러면 우리도 이 안산시에서 어울려 살 수 있게 되겠죠. 그러다 보면 삶의 의미가 생기려나? 그건 모르겠고, 그게 다 해결되고 나면…. 모르겠어요 진짜.

면담자   경미 어머니는 뭘 하고 살고 싶으세요?

경미 엄마   그니까 지금 아까처럼 봉사도 하고, 일하는 게 아니니

까, 나이가 들잖아요. 봉사도 하고 (면담자 : 일은 떠나서?) 네, 개인적
으로, 저희는 받은 만큼 줘야 된다는 생각도 있기 때문에 아까 얘기
한 것처럼 "우리 나중에 이거 다 해결되고 나면 우리 모여서 봉사하
러 다니자" 그렇게 살았으면 좋을 거 같아요, 지금은. 그런다고 해서
"뭐 하고 싶다" 그런 것도 없기 때문에. 그니까 "나를 위해서 뭘 하고
싶다" 그런 게 없어요, 사실.

면담자   세월호 문제가 해결된 이후에도 공방에 모였던 구성
원들은 계속 뭔가 활동을 같이하자고 하진 않나요?

경미 엄마   계속, 근데 모르겠어요. 나중에 어떻게 될지는 모르지
만, 저희 사단법인 안에 공방이 들었기 때문에 어떻게든 꾸려가겠
죠. 근데 그거에 대해서는 그닥, "막 뭘 해야 돼, 우리는 이걸 가지고
뭘 해야 돼" 그거는 아직은 저는 모르겠어요. 그렇게 지금은 목적을
가지면 괜히 이상한 쪽으로, 남들이 생각하는 거 같고. 그래서 지금
은 있는 대로 우리 활동하고, 그게 점점 더 발전되어서 이 공방, 그
니까 우리가 봉사활동 얘기한 것도 주로 공방에 모여서 앉아서 있는
분들이 "아, 우리는 이렇게 했으니까 해야 돼"라고 이야기하니까. 이
게 계속된다고 하면, 공방이 계속된다고 하면 맨날 보시는 분들, 맨
날 있으니까 이게 더 나은 방향으로 발전이 되겠죠. 봉사든 뭐든 그
거는 모르겠어요, 나중 일이라.

8
경미 또래 아이들의 성장에 대한 희망

면담자   진상 규명에 대한 전망은 어떻게 보고 계신가요?

경미 엄마   그니까 진상 규명 운동이 저한테는 살아가는 목적이 었겠죠, 지금은. 그니까 내 자식 일이기도 하고, 아까도 얘기했지만 얘기했던 것처럼 내 자식 같지만, ○○는, 그니까 ○○를 떠나서 '앞으로는 그런 일이 안 발생했으면 좋겠다'라는 그런 마음이니까, 그런 생각으로 이 활동을 하는 거고. 그다음에 앞으로, 뭐죠 앞으로? (면담자 : 진상 규명이 어떻게 될까요?) 어떻게 될까? 느리지만은 될 수 있을까, 있을까요? 나 진짜 요즘 정치인들 하는 거 보면 너무 저기 해서, 되도 않는 소리 너무 많이 해서. 시민들이 깨우쳐서, 저는 그 니까 정치를 바로 세울 수 있는 사람, 정치인들은 정치를 못 세우잖 아요, 지금. 자기네 정당에 우위권을 가지기 위해서, 자기의 이익을 위해서는 싸우는데, 자기 이익이 안 되면 안 싸우고, 더 헐뜯고, 이 게 정치 싸움이잖아요, 자기만을 위한 싸움들. 그러다 보니까 전망 이라는 거는, 지금 우리 애들이 자라서, 우리 애들 또래 얘들이 자라 서, 지금 우리 같이 촛불 들었고, 그 시민들이 의식이 바뀌어서 이 나라가 정치가 바뀌면 해결될 수 있는 방법이 있지 않을까, 근데 이 정치가 바뀌지 않으면 해결은 미지수인 거 같아요.

면담자   길게 볼 수밖에 없다는 얘기네요. (경미 엄마 : 네) 경미 세대의 아이들이 좀 더 성장해야 하고, (경미 엄마 : 그렇죠) 사회적인 의식을 가지고.

경미 엄마　　할 수 있을… 모르겠어요, 지금 빨리 되면 좋겠죠. 진상 규명이 빨리 되고, 이유가 어떤 거든 진상 규명이 되면 좋은데 지금까지 4년을 겪으면서 이 정부라는 데와 싸우는 게 이놈의 정치권에서는 지네들만 싸우니까. 그니까 그게 바뀌지 않으면, 정치가 바뀌지 않으면 힘들 거라고 봐요.

면담자　　희망이 있다고 생각하시나요?

경미 엄마　　지금은 희망을 가져보려고 하는 거죠. 아까 얘기했지만 시민들, 옛날 촛불집회 때처럼 그니까 정치 약간의 관습이 더 많이, 옛날 예전보다는 더 많이 가지시는 거 같고, 또 커가는 애들이 좀 더, 의식을 갖게 되면 바뀌지 않을까?

면담자　　남편하고는 어떠세요?

경미 엄마　　그냥 그래요(웃음).

면담자　　남편은 일터로 돌아가셨잖아요.

경미 엄마　　그렇죠, 근데 모르겠어요, 있으니까 있는 거고 모르겠어요, 남편하고는. 그런가 보다 하고, 서운한 데도 있기는 한데 가끔 얘기하다 보면은 서로 울고불고할 때도 있는데…. 네, 서로 입 다물고 사는 거죠. (면담자: 하고 싶은 이야기는 많지만?) 그렇죠. 그니까 모르겠어요, 남편은 경미 아빠, ○○ 아빠. 모든 가정이 그런다고 해서 예전처럼 하하호호 그렇게 살지는 않기 때문에. 그냥 의무적으로 산다고 그래야 하나? 서로 낙이 없겠죠, 우리 신랑도 낙이 없을 테고 나도 마찬가지고. 그니까 불만도 없구요, 좋은 것도 없고.

면담자　　　아버님과 친밀감이 떨어진 거예요?

경미 엄마　　　그렇죠, 옛날보다는. 이 사람이 농담하면 옛날 같으면 받아줬는데 지금은 농담하는 것도 워낙 듣기 싫으니까. 그니까 성향이야, 아까 그랬잖아요. ○○하고 아빠랑 비슷해요, 약간 밝아요. 원래 둘이 그런 스타일이고 저하고 경미하고는 차분한 스타일이고. 별로 애교도 없고, 둘 다 똑같이 그랬었어요. 경미가 고등학교 1학년 때 가족에 대해서 썼는데 "아빠는 애교 많음, 엄마는 나랑 똑같음, ○○는 나를 물로 봄"이에요. 이렇게 딱 써놨는데, 그니까 옛날에 치대는 편이에요. ○○도 그렇고 얘네 아빠도 그렇고 사람을 치대는 편인데 (면담자 : 다정한 거죠?) 네, 다정한 거예요, 근데 저하고 경미는 되게 싫어하거든요. 붙는 자체를 싫어하니까. 그니까 경미랑 나는 그게 되게 편한 거예요. 우리는 앉아도 떨어져서 앉고, 단지 길 갈 때 손만 잡아요, 왜냐면 얘네 아빠도 갈 때 손잡고 다니니까. 그런 건 있는데 끌어안고 비비고 그러진 않거든요, 귀찮거든 그런 게. (면담자 : 정서적으로도?) 네, 근데 이 사람은 와서 술 한잔 먹으면 "헤" 이러고 있으면 (한숨을 내쉬며) 짜증 나고. "저리 가" 이러니까 안 받아준다고 뭐라 하고. 좀 더 소원해지겠죠, 신랑하고는.

면담자　　　○○랑은 어때요?

경미 엄마　　　그래도 ○○랑은 그래도 괜찮아요, 자꾸 들어주려고 노력을 해요. 왜냐면 걔 것만 들어주면 돼요. 지가 좋아하는 거, 방탄소년단만 들어주면 돼, 요즘은 세븐틴. 그니까 냅둬요, 하고 싶은 대로 냅두거든요. 니가 좋아하는 거 좋아하고, 지가 좋으면 와서 막

140

얘기해요. 막 와서 "엄마, 세븐틴이 어쩌고 방탄이 어쩌고" 그래서 가끔 한 번씩 물어보면 "너는 엄마 생일은 아니?" 그러면 "몰라. 애들 생일만 알아" 그러면서 한 번씩 웃고. ○○하고는 그래도 딸내미니까, 우리 신랑한테보다는 웃어가면서 얘기하죠.

면담자   가족 안에서 이어주는 뭔가가 있어야 할 텐데요.

경미 엄마   그니까 원래 요즘은 그래요, 가끔은 사람들이 강아지를 키워보래요. 그런 소리도 많이 하더라구요. 사실 그것도 필요하기도 할 거 같다는 생각도 해요. 왜냐면 워낙 말할 상대가 없으니까. 은근슬쩍, 사실 강아지한테도, 아가씨 때는 강아지를 키워봐서 강아지한테는 되게 관대하잖아요. 내 강아지가 이쁜 짓 하면 "와" 그러고, 그러다 보면은 서로 관심이, 애한테 빠지면 대화하는 저기가 좀 달라지기도 하고. 그런데 요즘 계속 ○○가 그래요. "강아지 키웠으면 좋겠다"고, 근데 제가 반대하거든요. 그리고 우리 신랑도 강아지를 원래 싫어하고. 근데 강아지를 키우면 내가 거기에 얽매여야 하고, 다 그것도 내 일이고, 남들이야 와서 이렇게 하면 되지만 밖에 맨날 나가서 활동하는 사람이 강아지 혼자만 놔두고, 개는 또 일찍 가잖아, 그게 싫고. 그니까 방법은 이렇게도 생각하고 저렇게도 생각하는데, 근데 이것 또 하면 이게, 하나 좋으면 또 하나 싫은 점이 나타나고 하니까 어중간하더라구요. 옛날에는 강아지, 경미 있을 때 한 번 키워봤어요. 그것도 경미가 강아지 키우고 싶다 하니까 얘네 아빠가 인터넷에서, 화곡동에서 25만 원 주고 푸들 새끼 요만한 거 그거 분양받아서 왔는데 그거 키우면서 너무 힘들었거든요. 그니까 그다음부터 경미는 얘기를 안 하더라구요.

그 강아지 와서 키우면서 개가 귓병이 생기면서, 병원 가서 귀 청소를 했는데 귓병이 이렇게 생겨버린 거예요. 그래서 이렇게 해서 약을 발라 고 냄새가 엄청나더라구요. 그래서 다시 그 병원에 갖다 줘 버렸어요, 버릴 수가 없으니까 어디 내보낼 수도 없고. 그래서 어떻게 해, 남을 줄 수도 없고, 그래서 그런 과정이 있었거든요, 개를 키우면서. 그래서 그다음부터는 경미는 키우자는 소리를 안 하고, 대신에 곰순이, 고운이 강아지. 네, 고운이하고는 초등학교 친구라 맨날 그 집 가면 곰순이하고, 곰순이가 너무 좋아했대요, 경미를. 맨날 와가지고 오줌 싸가지고, 바지에다가 오줌 싸가지고 집에 오면은 양말 벗. 그리고 그 집 여행 가면 데려다가 한 이틀 집에 있고 그랬거든요, 그런 걸로 위안을 삼았지. 경미는 '개 키우고 싶어. 강아지 키우고 싶어' 그런 소리 안 했었거든. 근데 요즘 하도 모든 프로그램이 강아지 나오고 하니까, 작은놈이 자꾸 "엄마, 강아지 좀 키우면 안 될까?" 자꾸 지네 아빠를 조르는데 몰라요, 언제 사고 칠지.

면담자   가족의 매개체가 필요는 하실 거 같네요.

경미 엄마   그렇죠, 지금은 필요한 거 같아요, 그게.

면담자   네, 그러네요.

경미 엄마 전수현

9
분신 같던 딸의 부재, 잃어버린 삶의 낙

면담자   마지막 질문이에요, 3년이 지난 지금 경미를 떠올리면 무슨 생각이 드셔요?

경미 엄마   경미를 떠올리면? 그냥 보고 싶다, 보고 싶다, 진짜 가끔 그래요. 꿈에라도 나타나지, 꿈에도 잘 안 나타나더라구요, 얘가. 요즘은 아예 꿈에도 안 보이니까, 경미 생각하면 보고 싶다는 이런 마음밖에 안 나서. 그리고 이게 처음에는 교복 입은 얘들만 보면 눈물 나더라구요. 왜냐면 교복을 입었으니까, 지금은 가끔 페북 보면, 친구들 페북에 올려놨잖아요. 이쁘게 꾸미고 친구들 만나서 술도 한 잔 마시고 올리잖아요. 우리 딸도 저렇게 다녔을 텐데, 맨날 내가 경미한테 "야, 고등학교 2학년 되면 술도 한잔하자. 일찌감치 엄마한테 배워야 하는 거야" 얘랑도 술도 한잔 기울일 수 있었을 테고. 그리움, '얘가 어떻게 컸을까? 어떻게 자랐을까?' 그런, 시간이 지날수록 '아, 얘는 어떻게 변했을까?' 왜냐면 지금 내 모습, 걔 모습은 거기서 딱 끊겨버렸잖아요. 얘는 어떤…. 그니까 보면서 내가 자라온 과정하고, 딸이 자라온 과정이, 나도 고등학교 때 커트 머리에 머스마처럼 다니다가 사회생활 하면서 살도 빠졌고. 그런 생활을 갔으니까. '얘는 어떻게 변했을까?' 그게 가장, 경미를 생각하면 그런 모습이 참 보고 싶다.

면담자   엄마인 전수현 씨에게 경미는 어떤 의미예요?

경미 엄마　　그냥 나. 나였던 거 같아요. 그니까 나처럼은 안 살았으면 좋겠고, 그런 마음. 왜냐면 그니까, 저는 제가 막내거든요. 막내인데, 집안 형편이 저까지는 대학을 보낼 수가 없는 상황이 됐었어요, 그때. 위에까지는 다 대학을 나왔는데, 상황에 공부를 하는데 공부를 못하는 것도 아닌데 대학을 못 가게 된 상황이 되어서, 그 당시에는 "오빠가 1년만 저기 있으면 오빠가 해서 너 대학 보내줄게"라고 했었는데, 1년을 노니까 공부가 안 되더라구요. 1년을 직장생활 하고, 그리고 형편이 나아지는 게 아니었기 때문에, 내가 돈을 벌어야 하는 상황이 됐기 때문에. 그래서 7년을 일을 했죠, 일을 하고 벌어서 부모님 갖다드리고. 그리고 결혼한 거기 때문에 저는 ○○는, 경미는 그렇게 안 살았으면, 진짜. 그래서 내가 옛날에 하고 싶었던 것들, 사실 내가 강요해서 시키기도 했었어요, 옛날에는.

　　못 했던 것들, 우리 경미는 피아노를 너무 잘 쳤으면 좋겠고 해서 시켰더니 그건 울고불고해서 때려치웠고, 중학교 올라가면서 당시에 한창 기타 유행할 때, 기타 하고 싶대 그래서 "알았어, 기타는 해" 전에 악보 다 공부했으니까 기타도 치고. 웬만한 컴퓨터는 방과 후 다니면서 다 하니까. 지가 기계치, 걔는 기계를 되게 좋아했거든요. 그래 가지고 그냥 '나처럼은 안 살았으면 좋겠다' 그러면서 더 열심히 얘기하고. 그니까 그런 것들, "앞으로 니가 대학을 가고 니가 하고 싶은 거 있음 얘기하라" 그러고(한숨). 그렇게 키웠는데 없어요, 없어져 버렸어. 그러다 보니까 아까 성격이 같기도 하고 닮았기도 하고 그런데, 좀 더 다른 거는 경미는 그나마 나 같은 엄마가 있으니까, 우리 엄마는 나를 못 하게 했지만 그래도 나는 그게 싫으니까, 웬만하면은 다 했으면 좋겠으니까, 지가 할 수 있는 거는. 그래서 밀어주고 싶었고 밀어주면 잘하는 애였으니까. 뭐든지 열심히 하는 애였으니까. 그냥 기대도 많았고, 근데 없으니까⋯ 낙이 사라져버렸어요. 맨날 경미한테 "너 얼른 자라서 엄마가 너 대학 갈 때 차 사줄 테니까, 엄마 데리고 여행 다녀라".

제가 운전을 못해요, 차만 오면은 차가 나한테 오는 거 같아서, 겁이 많아 가지고 맨날 그랬거든요. 경미 같은 경우는 저보다 큰 자전거를 어렸을 때 타고 다니고, 겁이 별로 없었으니까. "너 얼른 자라서 엄마 데리고 여행 다녀라". 그리고 집에 신랑이 자주 없이 살아서, 맨날 해외 나가고 지방 다니고 그렇게 살아서 우리 셋밖에 없었잖아요. 셋밖에 없었는데 ○○는 어리고, ○○는 어렸을 때 경기하고 아파 가지고 애는 열나면 안 되는 애였기 때문에, 내가 의지할 사람은 경미밖에 없었어요, 맨날 같이 얘기할 수 있는 그런. 아이고, 그러다 보니까 허탈한 것도 많고. 그니까 저희 신랑이 저를 이해를 못 하는 경우도 있어요, 왜냐면 살아야 되는데 "왜 자꾸 경미만 생각하고 ○○는 생각 안 하냐"고 애는 커가는데, ○○는 커가는데, 지금 못 하면 애는, 그 말은 맞아요. 그니까 내가 ○○한테 못 해주면 걔 청소년 시절은 없는 거잖아요, 그런 관계가 없어져 버리는 거잖아. 근데 아는데, 그게 너무 힘들어서 내가 외면하고 있다는 것도, 내 자신이 참 그렇기도 하고. 그니까 내가 지금 살아가는 게 답도 없고 그래요.

해야 된다는 거는 아는데 그것도 못 하고 있고, 바뀔 거 같지는 않고. 이게 바뀔 거 같지는 않아요. 왜냐면 (한숨을 내쉬며) 그냥 하루 하루가 너무 보고 싶어서(한숨). 진짜, 그만 울어야 하는데 한번 터지면 자꾸 울어. 이쁘게 키우고 싶었어요, 진짜. 예쁘게 키워서…. 그니까 잘 자라줬고, 경미 같은 경우는. 경미 7살 때 저희 신랑이 사업하다가 확 말아먹었어요. 그래서 인천 살다가 집 두 채 다 날려버리고, 그니까 경미 7살 때까지 잘살았어요, 부족한 거 없이 살았던 거 같아. 저희 신랑 사업하면서 직장생활 하면서, 원래는 도면 그리는 사람이었거든요. 현장을 도는 사람이 아니라 기계 도면 그리는 사람인데, 어떻게 하다 보니까 현장 뛰게 되고 그러면서 자기가 사업한다고 차렸다가 2년 만에 홀라당 다 까먹었어요. 그동안에 벌어 놓은 걸 다 까먹어서, 그 당시에 다 까먹은 상태에서 ○○를 가졌거든요. 근데 얘가 없으면 이혼할 거 같은 그런 생각이 들어서 걔를 낳았어요. 낳으면서 도저히 인천에서 살 수가 없는 거예요. 왜냐면 집이 다 날아가고 경매 처리되고 이런 상황이었기 때문에. 그래서 애들을 데리고 친정을 갔었거든요, 그 당시에.

그래서 집에 가서 1년 7개월 살다가 ○○ 좀 키우고, 생각에는 안산에는 일자리도 많다고 그러니까 올라왔는데, 아가씨도 있고 왔는데, 근데 안산에서 잘 풀렸었어요. 저희 신랑도 다시 직장 잡고, 직장생활 하면서 다시, 이 사람 현장 투쟁을 하다 보니까, 돌아다니면서 그러면서 빚도 좀 갚고, 열심히 하는 사람이니까, 원래 일은 되게 열심히 하는 사람이어서, 그러면서 애 키우는. 왜냐면 이 사람이 밖으로 도니까 애들은 봐둘 수가 없으니까. 애 키우면서 조카애들까지 봐가면서, 그래서 안산에 처음 와서는 되게 좋았던 거 같아. 여기 와서 월세 살다가 전세로 이사 가고, 빚도 갚고 그러면서. 지방에서 일을 하면 애들 데리고 놀러 가서 만약에 안동에서 일을 해, 그러면 우리는 애들 데리고 버스 타고 내려가서 안동 가서 하회마을 가든지 도산서원 가고, 애들 데리고 신랑 가는 데는 다 따라다니는 거예요. 원주 가면은, 원주 가서 스키장 같은, 경미 같은 경우는 워낙 운동신경이 좋거든요. 그래서 스키도 되게 잘 타요, 애가. 초급 올라갔더니 재미없다고 중급으로 올라가서 타더라고, 애가. 그니까 현장 다닐 때마다 쫓아다니거든요. 그래서 그러면서 여행도 다니고, 만약에 갑자기 버스 타고 가면은 올 때는 우리 신랑이 데려다주고, 자기는 새벽에 가고 그렇게 살았었는데, 근데 지금은 (한숨을 내쉬며) 과거가 되어버렸어, 완전 과거가 되어버렸어. 앞으로도 그러니까 할 수 있는 거였는데(한숨).

10
모든 상황에 대해 원망만 가득했던 과거

경미 엄마　　그니까 모르겠어요, 처음에는 후회만 되더라구요. '내가 왜, 안산에 왜 왔을까?', '만약에 이 사람이…' 그니까 별의별 생각을 다 했던 거 같아. '만약에 내가 안산에 안 왔으면, 이 사람이 사업을 안 했으면'부터 시작해서 별의별 생각이 다 들었었어요. 나는 분명히 다른 데 썼는데 지가 단원을 딱 바꿔 쓰고 그런 게, 지금은 그때처럼 원통하고 그런 거는 아닌데 그래요, 내가 만약에, 그니까 심지어 아빠도 원망했었어요. 저희 아빠, 저희 친정 아빠를. 그니까 해마다 고등학교 올라가서 그해에, 그 전에 우리 신랑 일이 건설 경기가 약간 주춤해 가지고 맨날 힘들었었어요, 그 전에. 그래서 고등학교 1학년 때 저길 갔었어, 그 사주 카페. 우리 아가씨가, "언니, 거기 점집이 아니라 사주 카페래. 카페에서도 봐주는 데래" 그래서 아가씨랑 둘이 가서 사주를 봤죠. 우리 신랑 거 보면서 ○○, 우리 경미 대학 가야 하니까 그래서 혹시 경미 거를 봤어요. 봤더니 기분 나쁘게 3, 4월에 나간다는 게 나오는 거야. (면담자 : 애가 나간다구요?) 네, 그래 가지고 화가 나는 거.

　"애 아직 고등학교 2학년 올라가는데" 그래 가지고 "우리 애기 이제 고등학생이라고, 고등학교 2학년 올라간다"고 그랬더니 어르신 중에, 왜냐면 우리 엄마, 아빠 나이가 시댁은 다 돌아가셨고, 친정 엄마, 아빠 살아 계시는데 나이가 많으시니까, 85세 넘었으니까, 그면은 엄마, 아빠도 몸 건강이 안 좋고 하시니까 엄마, 아빠만 생각했어요. "그러면 부모님 조심하시라고 하세요" 그러더라구요. 그랬는데 아빠가 4월 12일 날 쓰러지셨어요. 그러니까 4월 12일이 아니라 4월 전, 한 4월 10일 정도 쓰러지셨던 거 같아, 혈압으로. 그런데 워낙 두 분 다 병원하고 친하신 분들이라, 그전에는 그렇게 오면은 병원 가서 주사 맞고 돌아오고 그랬었는데, 이번에는 심하게 오셨던 거 같아요, 그래 가지고 그날 중환자실 들어가서 가지고 있는 상황에서 저희가 12일 날 전주를 갔다 왔거든요, 왜냐면 엄마, 아빠가 저기 애들 보고 싶다고 했는데, 저기 우리 애들이 멀미가 심해서 얼른 갔다 오자 해서 둘만 갔다 왔거든요. (면담자 : 아이들은 안 데리고?) 안 데리고 그냥 둘만 가서.

　아빠 입원하신 거 보고 올라와서 경미가 15일 날 수학여행을 갔

경미 엄마 전수현

으니까. 그니까 그때는 몰랐는데 그게 생각이 나니까 화가 치미는 거예요. 만약에 '아빠가 돌아가셨으면은 우리 경미 수학여행을 안 갔을 텐데' 그런 생각이. 아빠가 원망스러운 거예요, 그 당시에 당장은(한숨). 그때는 모든 게 원망스러웠던 거 같아. 지금 자체가 그랬었어요, 그런 일도 있었어요. 그래서 우리가 나중에 우리 가족들, 특히 우리 작은오빠가 경미를 엄청나게 예뻐했거든요. 내가 우리 경미 3살 때 시댁 살다가 부천으로, 부천 아파트에 이사 오면서 오빠랑도 같이 2년을 같이 살았어요, 오빠랑. 근데 우리 신랑은 맨날 바쁘니까 거의 없고, 저희 오빠는 학원강사다 보니까 1시에 나갔다가 새벽 1시에 들어오니까, 애 눈 떠 있을 때는 항상 오빠가 있잖아요. 그러니까 오빠가 앉아서 밥 먹이고 애 옷 사 입히고, 애 옷 진짜 다 사다 입히고. 그니까 자기 딸 같은 조카거든, 우리 오빠는 애가 없어요, 지금도. 애를 안 낳는데, 그래 가지고 항상 지금도 그래, ○○한테는 별로 관심 없어요, 지금도. 오로지 경미밖에 관심이 없어요. 근데 오빠도 그 얘기를 하더라구요, 갑자기 아빠가 큰돈을 써야, 병원에서 그게 많이 나왔거든요. 그래서 우리 오빠는 경미 대학 가면 등록금 해주고, 경미 대학 보내려고 적금을 들었던 거예요, 경미 몫으로.

근데, 그래서 아빠가 13일 날인가? 14일인가? 아빠가 그걸 해야되겠대요, 그 병원비 내려고. 그러면서 오빠도 우는 거야. 그래서 원래 우리 오빠는 이 사고 나서 완전 망가졌어요, 신장이 반절이 나가버렸어요. 그니까 그런 일련의 그런 일들이. 아이고, 그 당시에 오빠랑 저랑 아빠를 원망을 해가지고. 미안하지만, 아빠한테 미안하지만 원망을 많이 했었던 거 같아요, 우리 아빠를. (면담자 : 아버님은요?)

지금 그냥 그러세요. 그니까 지나가면 지나갈 일인데, 의미를 두려고 보니까 나는, 나 원래 점 보는 사람도 아닌데 그해따라 아가씨가 가자고 해서 따라갔다가 경미 거를 봤고, 오빠는 경미 대학 가야 하니까 항상 그게, 우리 오빠는 조카 애들 대학 가고 그러면 이게 의례적인 행사였어요. 노트북 사주고, 애들 저기 해주고. 자기는 애가 없으니까 그러기도 하고. 근데 경미 같은 경우에는 거의 자기 자식 같은 애거든요. 애만 따로 줬었어요, 맨날. 어딜 가도 애만 잡고 있고.

그러면서 이 상황이 되어버리니까 일 나고 같이 술 한잔하면서 엉엉 우는 거야. "내가 그걸 왜 해약했을까" 막 의미를, 자꾸 거기에 부여가 되는 거잖아요. 그러면서 괜찮았는데 이 사고 나고 오빠도 많이 힘들어했거든요, 많이 힘들어해서 갑자기 막 붓더라구요, 사람이. 그래서 봤더니, 신촌 세브란스[병원] 갔더니 신장이 50프로는 나갔대, 급격하게. 신체적으로 확 와버리더라구요. 그래서 지금은 모르겠어요, 지금은 나아지기는 했는데, 그래도 그니까 4·16으로, 이후로 인해서 고통받는 거죠, 저희 오빠도.

면담자 이버지는 어떠셨어요?

경미 엄마 그니까 아빠는 병원에서 소식을 들은 거잖아요, 근데 모르겠어요. 부모님은 제가 굉장히 삭막해진 거 같아요. 뭐냐면 엄마가 가끔은 처음에 전화를 해요, 전화해서 "너 생각해서 밥 먹고" 그니까 옛날 어른들 그러잖아요. "가슴에 묻어라, 잊고 너 생활해라" 근데 그 소리가 너무 듣기 싫은 거야, 근데 마음은 알아요, 그니까 엄마의 자식은 나고, 나의 자식은 경미인 거잖아요. 그니까 엄마는 나를 걱정하시는 거라고 생각을 해요. 경미보다는 나를 걱정해서 "밥 잘 챙겨 먹고, 저기 가슴에 묻는 거란다, 그만 좀, 응? 정신 차려라" 이런 식으로 얘기하시니까 너무 미워 가지고 엄마한테 대놓고 뭐라고 했어요. 제가 웬만하면 화를 잘 안 내는데, 엄마한테 "그런 소리 할 거면 나한테 전화도 하지 말고, 찾지도 말라"고 제가 싫은 소리를 했죠. 그다음부터는 언니한테 전화해 가지고 "걔는 어떻게 있다니?", "잘 있어" 우리 언니는 우리 언니네도 통명하거든요. "걔 잘 있으니까 전화하지 말고 그냥 내비두라"고 나중에 그러더라구요, 엄마가 "우리 딸들은 왜 나한테만 뭐라고 하니…" 근데 좀, 지금도 엄마 전화받기가 싫어요.

엄마는 계속 그런 얘기를 하셔도, 이제 우리 엄마도 나이가 85세가 넘었기 때문에 치매기도 약간 있고 기억을 못 해서. 그리고 잘 들리지도 않으시니까 뭐라고 해도, 내 걱정만 하시니까(한숨). 이러면 안 되는데 그래요, 부모한테 더 못하는 딸이 되어버렸어요, 이게. 그 소리가 듣기 싫은 거예요. "자식은 가슴에 묻는다" 그니까, 젊은 가족이라도 사실 언니랑 오빠랑은 같이, 경미랑 우리는 항상 같이 이렇게 셋, 큰오빠는 김해 살고, 작은오빠는 수원 살고, 언니 수원 살고, 저 여기 살아요. 그니까 큰오빠는 거의 못 만나고 맨날 김해니까, 머니까. 근데 작은오빠 서울 살 때도 마찬가지이고, 다시 언니 옆으로 이사 왔거든요, 수원으로. 우리 셋은 한 달에 한 번 만나고, 두 달에 한 번 만나고, 맨날 만나서 같이 얘기하고 밥 먹고 술 먹고 그렇게 지냈기 때문에 그니까 모임이 많았었어요, 요 셋은, 같이 옆에 사니까. 근데 지금은 모임도 잘 안 하죠, 뜨문뜨문, 어쩌다 한 번씩.

"야, 좀 와라, 얼굴 보게 좀 와라" 그러면 한 번씩 내려가고, 수원 가면 오빠도 오니까. 그니까 그렇게 만나는 사람들은 경미를 아는 사람들은, 왜냐면 경미를 맨날 봤기 때문에 그런 사람은 사실 편해요. 근데 친척들 보기는, 왜냐면 다시 그 상황을 얘기해야 하고, 노인네들은 진짜 우리 엄마하고 똑같은 마음이에요. "가슴에 묻어라" 그 소리부터 먼저 하시니까 너무 미치겠는 거야. 그래서 광주에 우리 시댁 쪽 작은아버지 딸내미가, 하필 걔도 오경미야, 이름이 똑같아요. 걔가 시집을 갔는데 아주버님이 안 가신대요. 저희 신랑이 둘째인데, 바빠서 못 가신대, 그래 가지고 어떡해 우리라도 가야 하니까 그래서 내려갔는데, 아나나 달라 어른들 "가슴에 묻어라"부터 시작해서 그런 소리들만 하시는 거야. 그니까 (한숨을 내쉬며) 못 가겠더라구요. 올해, 작년에는 안 갔어요. 전화가, 연락이 왔는데 축의금만 해주라고, 못 가겠어요.

면담자   가족들이랑 멀어져서 제사도 안 지낸다고 얘기하잖아요, 손자도 못 지켜준 조상.

경미 엄마   저는 까먹었었어요, 내가 웬만하면 안 까먹는데 재작년에 한 번 까먹었었어요. 그니까 아무 생각도 못 한 거야. 그니까 항상 제사 전에 3, 4일 전에 큰형님한테 전화해서 "제사니까 저희가 준비해서 올라가니까" 저희 형님이 그런 걸 잘 못해가지고, 해서 올라가니까 사고 나고도 했단 말이에요. 왜냐면, 명절은 안 갔어요. 왜냐면 내가 우리 신랑한테 그랬어요. "명절은 가기 싫다" 명절[에] 가면 좋은 거기 가서, 외갓집 가야 하고, 그 옆에 사시니까 가야 되고

경미 엄마 전수현

사람 만나는 거 너무 싫으니까 "난 명절은 안 가겠다. 대신에 제사 때만, 제사 때만 가겠다" 그랬는데 진짜 16년에 아무 생각 없이 그날 오후에 조카한테 전화 와서 알았어요, 그날 제사인지. 그니까 생각을 안 한 거, 왜냐면 저희 신랑이 그다음 날 생일이에요. 저희 아버님이 저희 신랑 생일날 돌아가셨어요, 그니까 잊을 수도 없어요. 없는데, 어떻게 2016년에는 아무 생각 못 한 거야. 그니까 넋을 빼고 살았던 거 같아. 그렇게 되더라구요, 지금도 그래요. "나 명절 때는 안 간다, 제사 때만 [간다]".

11
잊지 않기 위해, 기억의 중요성

면담자　　구술 과정이 어떠셨나요? 말하고 싶으신데 빠뜨린 게 있으시다든가? (경미 엄마 : 없어요) 없으세요?

경미 엄마　　(웃으며) 애 애기만 나오면 하도 울어서, 웬만하면은 그니까 이게 어쩔 수가 없어요.

면담자　　일상을 회복하는 뭔가를 좀 찾으셔야 될 텐데.

경미 엄마　　그렇죠, 그나마 공방이 있어서. 만약에 없었으면은, 사실 집에 있으면 무기력해지거든요. 거의 누워 있거나 TV 보고 떠들어요, 왜냐면 조용한 게 싫으니까 TV를 계속 24시간 틀어놔요. 그냥 혼자 떠들고 있어. 떠들고 있고 멍하니 있다가, 요즘은 드라마도 왜 이렇게 죽는 게 너무 많이 나오고, 추모공원이 너무 많이 나오잖아요, 납골당이. 그거 보다 보면 울고 앉아 있고, 그러면 저는 ○○ 가 딱 와서 뒤에 앉아주고 혹 들어가요, 방에. 애 때문에도 못 울고 그래요, 요즘은.

면담자   그래도 애가 있어서 다행이네요.

경미 엄마   그렇죠. 그나마 저는 다행인데, 그니까 가끔 영석 아빠나 영석 엄마 보면 애가 없잖아요. 그거 보면 너무 안쓰러운 거야. 우리는 남은 애라도 있으니까 걔를 보면서, 위안을 삼으면서 어떻게 든 견뎌가잖아요. "살아가야 한다" 하는데 그러니까 두 사람을 보면, 왜냐면 자주 보이니까. 많이, 외동인 집들도 많이 있지만 그래도 내 눈에 가장 많이 보이는 사람들이니까. 저 사람들은 어떻게 살까, 안 쓰럽고 그래요, 같은 가족인데도 더 안쓰러운 거고.

면담자   가족마다 처한 상황이 다르니까요. (경미 엄마 : 그렇 죠) 응해주셔서 감사합니다. (경미 엄마 : (한숨) 또 울었어. 아, 나 우 는 거 싫은데) 이 기록이 진상 규명에 도움이 되었으면 좋겠습니다.

경미 엄마   그니까 이 기록이라는 게, 모르겠어요. 처음 2014년 에, 그때 애들, 우리 비디오 만들었었잖아요. 그때 경미가 처음 1호 이거든, 왜냐면 그때는 지금처럼 [4·16]기억저장소에서 한 게 아니라 따로 외부에서 오셔가지고 그게 추진이 되어서 했는데, 그때는 반응 이 없었어요, 사실. 반응이 없어서 저희가 먼저, 저희 신랑이 그때는 분향소 총무를 하고 있었기 때문에 저희가 먼저 하고, 만들어지면서 지금은 거의 저장소가 많이 하잖아요, 그거를.

면담자 　 그렇죠, 시즌도 바뀌었고.

경미 엄마 　 바뀌었고, 그때는 되게 부모님들도 마찬가지, 그해이 기 때문에 정신도 없고 이게 되질 않았었어요. 그니까 이렇게 기억 저장소 생기면서 느껴지는 게 뭐냐면, 기록이란 게, 우리 기억은 사 라져요. 저도 이렇게 얘기하면서 잊어버려요. '내가 뭐 했지?' 사진 보면 내가 있어, '근데 나 거기서 뭐 했지?' 그런 생각도 들기도 하고. '아, 그때 어떻게, 어떻게 했지' 근데 얘기하면서도 자꾸 잊어버리는 거예요, 잊어버리기도 하고, 기록이 없으면 이게 과정이잖아요. 우 리가 지금까지 어떻게 싸웠고, 이 과정에 의해서 어떻게 진행이 됐 고, 그런 게. 이런 참사가 나면 초기부터 이걸 막 하는 게 아니라 이 과정이 쌓여 있어서 빨리 대응할 수 있는 방법이 생길 것이고 그럴 거라고 생각을 해요. 그래서 더 구술 같은 경우도 기록이 있어야 된 다, 그런 거기도 하고.

면담자 　 이게 역사인 거죠, 결국. 사회적 기록들이 되고 축적 이 되면 우리가 싸울 근거가 되는 거니까. (경미 엄마 : 그러겠죠) 수고 많이 하셨습니다. (경미 엄마 : 아, 끝났다) 감사합니다.

4·16구술증언록 단원고 2학년 9반 제5권

그날을 말하다 경미 엄마 전수현

ⓒ 4·16기억저장소, 2020

───

기획 편집 4·16기억저장소 ┆ **지원 협조** (사)4·16세월호참사가족협의회
펴낸이 김종수 ┆ **펴낸곳** 한울엠플러스(주)
초판 1쇄 인쇄 2020년 4월 1일 ┆ **초판 1쇄 발행** 2020년 4월 16일
주소 10881 경기도 파주시 광인사길 153 한울시소빌딩 3층
전화 031-955-0655 ┆ **팩스** 031-955-0656 ┆ **홈페이지** www.hanulmplus.kr
등록번호 제406-2015-000143호

───

Printed in Korea.
ISBN 978-89-460-6781-3 04300
       978-89-460-6801-8 (세트)
* 책값은 겉표지에 표시되어 있습니다.